激发潜能的逻辑游戏

陈书凯 ◎ 编著

中国纺织出版社

内容提要

提高孩子脑力，少不了开发他们的逻辑思维能力。本书通过几百个逻辑游戏，提升孩子的分析力、综合力、比较力、抽象力、概括力，让孩子在有趣的游戏中逐渐训练自己的思维技巧，使头脑变得更聪明、灵活。

图书在版编目（CIP）数据

激发潜能的逻辑游戏／陈书凯编著. -- 北京：中国纺织出版社，2013.6 （2024.1重印）
（青少年脑力游戏厅）
ISBN 978-7-5064-9290-4

Ⅰ. ①激… Ⅱ. ①陈… Ⅲ. ①智力游戏—青年读物②智力游戏—少年读物 Ⅳ. ①G898.2

中国版本图书馆CIP数据核字（2012）第248604号

策划编辑：徐屹然　　责任编辑：赵晓红
特约编辑：付　晶　　责任印制：储志伟

中国纺织出版社出版发行
地址：北京朝阳区百子湾东里A407号楼 邮政编码：100124
邮购电话：010—64168110　传真：010—64168231
http: //www.c-textilep. com
E-mail: faxing@c-textilep. com
北京兰星球彩色印刷有限公司　各地新华书店经销
2013年6月第1版　2024年1月第3次印刷
开本：787×1092　1/16　印张：12
字数：106千字　定价：36.00元

前　言

一个人的逻辑思维能力并不是一下就能培养和发展起来的，它需要一个长期的训练过程。不过总体来说，逻辑思维能力的培养要从激发一个人的思维动机、理清一个人的思维脉络、培养正确的思维方法几个方面逐步做起。

著名科学家霍金曾经说过这样一句话：有一个聪明的大脑，你将会比别人更接近成功。而一个人是否聪明取决于其解决问题能力的高低。思维能力在人解决问题的过程中起着举足轻重的作用。不管你从事什么职业，也不管你处于哪种岗位，活跃的思维总是助你快速走向成功的有利资本。

在启发思维的过程中，思维游戏起着至关重要的作用，它有利于锻炼大脑，开启智慧。现代社会各种各样的思维游戏在我们的生活中无处不在：在学校中，老师用它来锻炼学生的思维；在家庭中，父母用它来培养孩子的思维；而在职场中，思维游戏更是成为近年来企业检测应试者应变能力与综合素质的一项重要指标。

人的思维是有动机的，当你有某方面的动机时，你的思维才会得到开发和运用。因此，激发思维的动机，以产生行为活动的内动力，是培养一个人思维能力的关键因素。认知心理学家指出："思维能力的发展是寓于知识发展之中的。"所以，对于每一个问题，我们既要考虑它原有的知识基础，又要考虑它下联的知识内容。只有这样，我们才能更好地激发思维，并逐步形成知识脉络。实际上，提高逻辑思维能力的关键就在于要使思维脉络清晰化。思维脉络的重点理清了，一切问题也就会迎刃而解。

一个人的思维能力在发展的过程中有时会出现“卡壳”的现象，会发生转折，这就是思维的障碍点。思维在遇到障碍点时，就意味着你应学会适时地加以疏导、点拨，促使思维转过来，并以此为契机促进思维发展。比如，在解决问题时，我们常常需要把面对的问题通过转化、分析、综合、假设等变化成已解决过的问题。那么在这个思维的过程中，我们就需要依据具体情况恰当地运用分析与综合、具体与抽象、求同与求异、一般与特殊等思维方法。通过这些思维方法的运用，我们的逻辑思维能力通常都会有较大的突破。

本书通过不同类型的逻辑游戏，让人们运用思维进行分析、综合、比较、抽象和概括，训练自己高超的思维技巧，从而让头脑变得越来越聪明、越来越灵活。希望广大读者通过这本书能碰撞出思维的火花，让自己的逻辑越来越强大！

编著者

2013年2月

Contents

第一章 变通类游戏

第二章 推理类游戏

第三章 智能类游戏

第一章

变通类游戏

这一部分主要锻炼青少年朋友的发散思维能力，沿着不同的方向、不同的角度思考问题，从各个方面寻找解决问题的方法。

1.猜性别

比尔、哈文和罗西三人是亲戚，而且他们不是违背道德伦理的近亲。现在只知道他们当中有比尔的父亲、哈文唯一的女儿和罗西的同胞手足。但是罗西的同胞手足既不是比尔的父亲也不是哈文的女儿。你知道他们当中哪一位与其他两人性别不同?

2.聪明的蚂蚁

一只蚂蚁在地下通道里爬行，对面又来了一只。由于通道非常狭窄，只能单只通过。幸好通道一侧有个凹处，刚好能容得下一只蚂蚁，可不巧的是里面有一个小沙粒，把它移出来后又把通道堵住了，还是无法通行。两只蚂蚁应该怎么做才能都顺利通过呢?

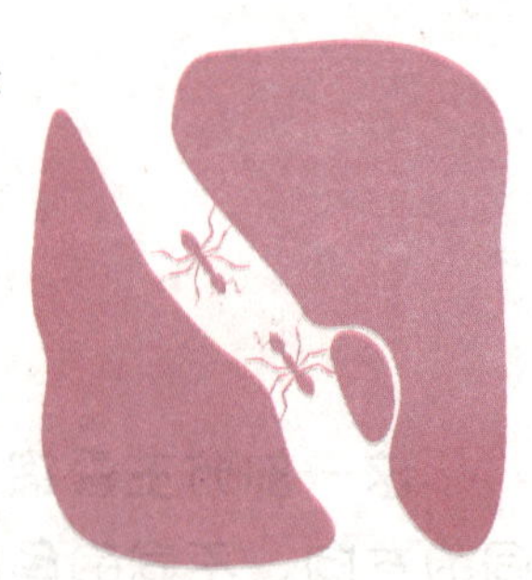

3.自作聪明的商场

某百货商城进了一批最新款式的服装，很受欢迎，销量与日递增。于是，该商城的总经理决定提价10%。不久，服装开始滞销，他们又打出了降价10%的广告。有人说百货商城实际上瞎折腾，不过是又回到原价位；有人说百货商城不会干赔钱的事；也有人说百货商城自作聪明，实际赔了钱。你说呢?

4.倾斜的天平

这里有一个天平和13块重量相同的金条。此时在左边离轴心3格的那个秤盘里放了8块金条，在右边离轴心4格的秤盘里放了4块金条，天平倾斜。已知每个秤盘和金条的重量相同，请你移动1块金条，使天平恢复平衡。想想该怎么移动?

5.趣味算式

下图中的算式你可以分别移动其中的2根、4根或6根火柴来改变其中的数字或符号，但等式两边始终保持相等。你能分别列出移动2根、4根和6根火柴后的算式吗？

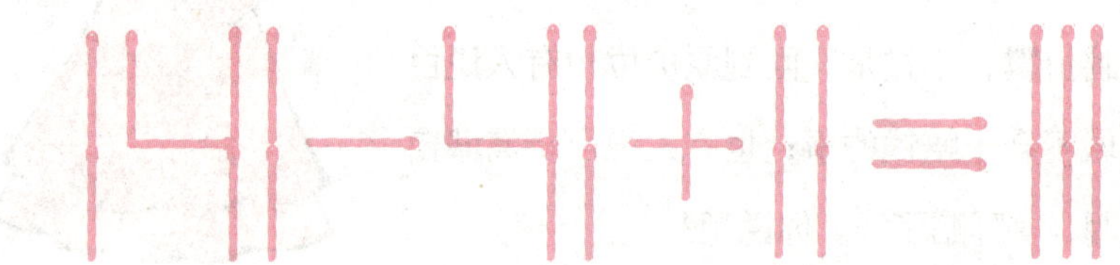

6.女孩的姓名

8个孩子分32个机器人，分法如下：燕妮得到1个机器人，玫利得到2个，培拉3个，米奇4个。男孩凯德・史密斯得到的机器人和他的妹妹一样多，汤米・安德鲁得到的是他妹妹的2倍，比利・琼斯分得的机器人是他妹妹的3倍，洛克・哈文得到的是他妹妹的4倍。请你猜猜上面4个女孩的姓名。

提示：在西方人名中，如汤米・安德鲁，姓氏居后，即安德鲁。

7.聪明的囚犯

有个国王想处死一个囚犯，他决定让囚犯自己选择是砍头还是绞刑。选择的方法是：囚犯可以任意说出一句话来，如果是真话，就处绞刑；如果是假话，就砍头。

这个聪明的囚犯来到国王面前问：“如果我说出一句话，你们既不能绞死我，也不能砍我的头，怎么办？”

“如果真是那样的话，我就释放你。”国王说。

这个囚犯说了一句话，果然十分巧妙。国王听了左右为难，但又不能言而无信，只好把这位聪明的囚犯释放了。

你知道聪明的囚犯说了什么话吗？

8.漂亮的天鹅

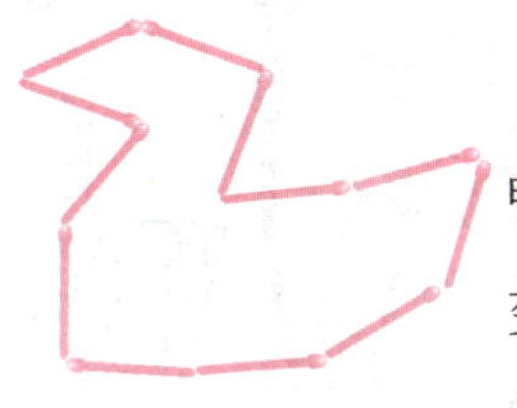

左图中是用12根火柴摆成的一只“丑小鸭”，你能加上4根，再移动图中的3根，让它变成一只在水上悠闲游动的“白天鹅”吗？

9.巧换轮胎

有一个长途运输车的司机要出发了。他用做运输的车是三轮车，轮胎的寿命是2万里，现在他要进行5万里的长途运输，计划用8个轮胎就完成运输任务，怎样才能做到呢?

10.什么关系

一天，汤姆叔叔和他妹妹尼萨一起在街上散步，突然汤姆叔叔想起一件事： 对了，小外甥在前面那家店打工，我去看看他，顺便买点儿东西。

“噢，我可没有外甥。”说完，尼萨就先回家了。

请问：尼萨和那位神秘的外甥是什么关系呢?

11.礼物

在图中有3个礼盒，盒子上都有标签，但是这些标签和内容都完全不相符。请问：你应在哪几个盒子里检查其中的物品，才能确定哪只盒子里有什么物品？

12.瑞芳的办法

瑞芳在一家珠宝公司工作，由于她工作积极，所以公司决定奖励她一条金链。这条金链由7个环组成，但是公司规定，每周她只能领一环，而且切割费用由自己负责。

这让瑞芳感到为难，因为每切一个金环，就需要付一次昂贵的费用，再焊接起来还要一笔费用，想想真不划算。聪明的瑞芳想了一会儿之后，发现了一个不错的方法，她不必将金链分成7个环了，只需要从中取出一个金环，就可以每周都领一个金环，她是怎么做到的呢？

13.真假母亲

衙门外传来阵阵击鼓声，包青天细问才知道是两位母亲在争孩子。两个人都振振有词说孩子是自己的，都清楚孩子身上哪个地方有胎记。双方争执不下，很难判断，就来请包青天明察。包青天想：家务事是最难断的，但这两位母亲中必定有一位是假的，何不想个办法试探一下。果然，包青天一使出他的计策，就试探出了哪一位母亲是假冒的。

你猜包青天想出了什么方法?

14.互换位置

如下图：一排7个方格里，前三格里放有3颗实五角星，后三格里放有3颗空五角星。现在请你任选一种方法：把五角星移到相邻的空格上去，或者跳过旁边的五角星移到旁边的空格上去，但一次只能跳一格。

请问：要使实五角星和空五角星的位置互换至少需要多少步?

	★★	★			☆☆	☆

15.需要多少步

如下图，图标可以移动，也可以跳跃，但每次只能移动或者跳跃一格。现在把★▲的顺序改成▲★的顺序（中间☆的位置不变），至少需要多少步？

16.逆时针旋转

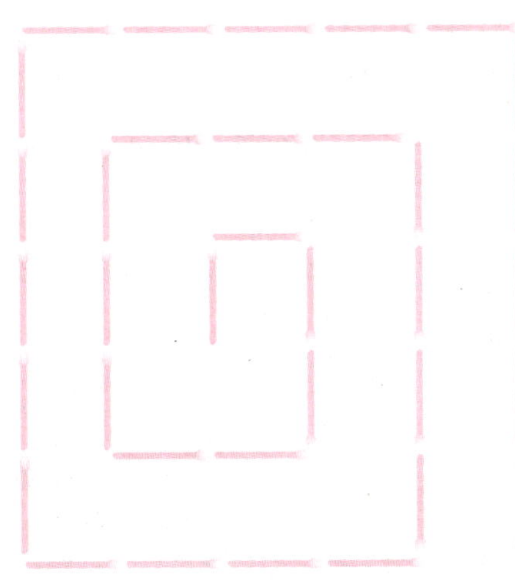

这里用35根火柴排出了一条呈方形的螺旋线。如果从里向外沿这条螺旋线行进，就要按顺时针方向兜圈子。

现在要求移动4根火柴，使图形仍是一条呈方形的螺旋线，不过在从里向外沿这条螺旋线行进时，是按逆时针方向兜圈子。想想该怎样移动？

17.朝上的概率

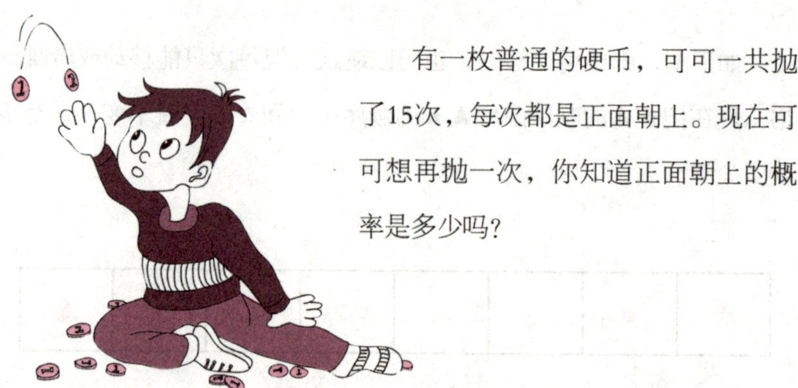

有一枚普通的硬币，可可一共抛了15次，每次都是正面朝上。现在可可想再抛一次，你知道正面朝上的概率是多少吗？

18.多装两瓶水

“清泉矿泉水公司”生意很不错，不过最近有一件麻烦的事：公司最初设计的纸箱可以每排放8瓶，共6排，一箱可放48瓶，但是现在客户都反映放48瓶不好计算，必须改成每箱50瓶。如果要满足客户的需要，公司只能不用已经做好的几千个箱子，再重新做箱子，从而造成很大的浪费。一个负责洗瓶子的工人却说其实原来的箱子也可以放50瓶的，但没有人相信。如图，你认为这个箱子真的能放50个瓶子吗？

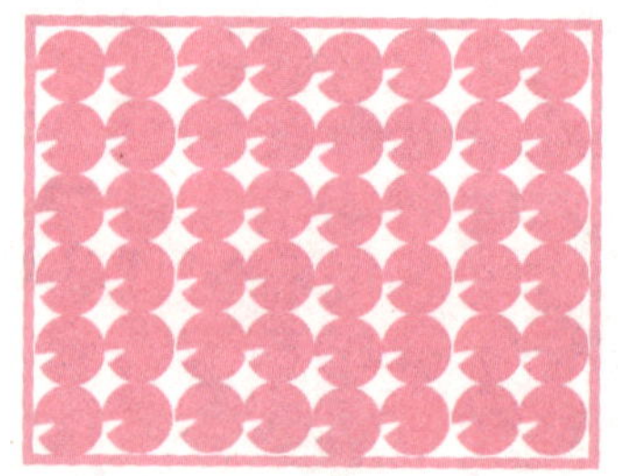

19.图形的秘密

在一张纸上随意画5个图形，你能使这5个图形中的每个图形都与其他4个图形有一条共同的边吗？

20.小花猫搬鱼

小花猫有 4 个盘子，其中一个盘子里有 3 条鱼，另外一个盘子里有 1 条鱼，还有两个盘子没有鱼。小花猫尽力克制住自己想吃鱼的欲望，把鱼集中到一个盘子里一起吃，但是它每次只会从两个盘子里分别拿出一条鱼放到第三个盘子里。

请问：小花猫要搬运几次，才能把所有鱼都集中到第一个盘子里？

21.井里的喜鹊

有一只喜鹊掉进一个枯井里，它能自己飞出来吗？

22.九枚硬币

桌上放有9枚硬币，双方轮流从中取走1枚、3枚或4枚硬币。谁取走最后一枚硬币谁就赢了。请问：应该怎样才能制胜？

23.神奇的本事

阿飞是一名优秀的空降兵。有一次，他乘飞机去执行一项任务。飞机升到高空不久，阿飞从飞机坐椅上跳了下来，降落伞没有打开。可奇怪的是，他安然无恙。你知道他有什么神奇的本事吗?

24.怎样进入城堡

有一座城堡，城堡主人下了一道命令，不许外面的人进来，也不许里面的人出去。看守城门的人非常负责，每隔10分钟就走出城门巡视一番，看看是否有人想偷着出去或进来。詹姆斯有急事要进城堡去找他的朋友商量，可是看守城堡的人又那样认真，怎样才能趁守门人不注意时，偷偷进入城堡呢?詹姆斯想到一条妙计，顺利地进入了城堡。

你知道詹姆斯是怎样做的吗?

25.聪明的司机

司机接到一个任务，要在天亮前把货柜车送到目的地，不料途中经过隧道时，货柜车却无法前进，因为货柜顶端两个角被圆拱形的隧道口顶住了。货柜是正方形的，无论怎样放置，都会阻碍前进。司机左思右想，终于想出一条妙计，使得货柜车顺利通过了隧道。你知道他是用什么方法通过的吗？

26. 连在一起

右边有4颗摆放很不规则的星星，你能用一个正方形将它们连在一起吗？

27.淘气鬼的烂摊子

下面是淘气鬼扔下的烂摊子。请你移动其中的一根火柴使等式成立。

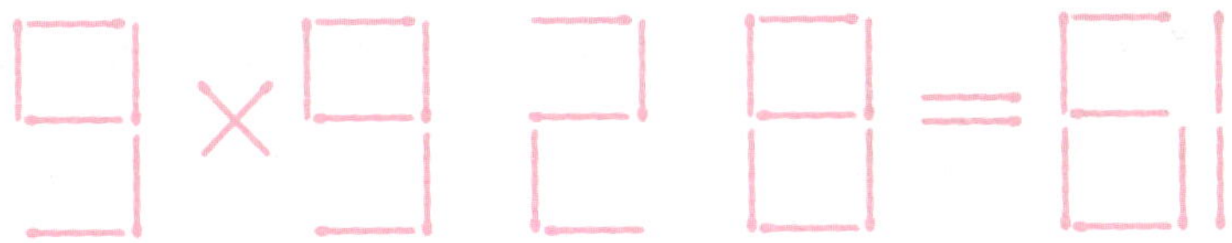

28. 必胜的诀窍

游戏现在到了决出最后胜负的关键时刻。

蒋老大非常幸运地赢了700个金币，现居第一名。第二名的贾老大稍微落后，赢了500个金币。其余的人都已经输光了。

蒋老大犹豫着，要将手上的筹码押一部分在“偶数”或“奇数”上，赢的话金币就可以变成两倍。另一边，贾老大已经把所有筹码都押在“三的倍数”上，运气好的话金币可以变成三倍，他就可以反败为胜。

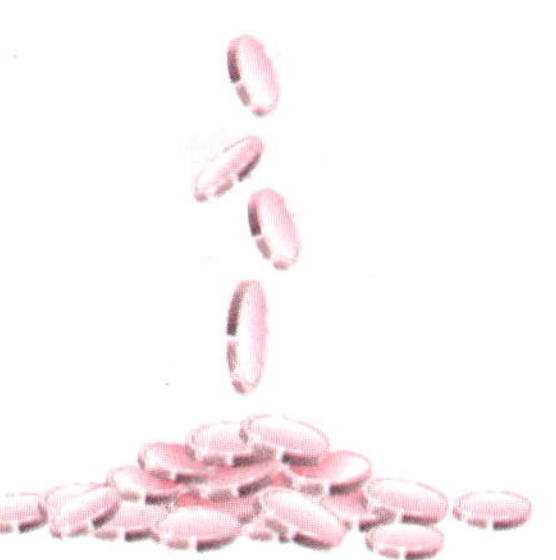

请问：蒋老大应该怎么做才能必胜呢?

29.硬币变多了

妈妈给了丽莎10个硬币让她去买东西，但是丽莎的衣服口袋破了一个大洞，漏掉了15个硬币，请问这是为什么？

30.糊涂的囚犯

一位法官判处罪犯为死罪，这个人听到消息后非常恐惧。法官下令：从明天开始，到第七天傍晚，必须把这个糊涂的囚犯拖到刑场绞死。但如果在处决他的那一天早晨糊涂的囚犯知道了自己要被处以绞刑，那么这一天就不能处死他。糊涂的囚犯听到这个规定后非常高兴，认为自己不可能被处死了。你觉得可能吗？

31.排列硬币

有A、B、C、D、E5种币值，其价值的大小不同。目前已知：

A是B的两倍价值；

B是C的四倍价值；

C是D的一半价值；

D是E的一半价值。

请问：这五种币值的价值顺序由小到大是怎么排列的？

32.能看到什么

有一间小房子里的四周全部布满镜子，所有的墙面、地面甚至门，没有不挂镜子的地方。你走进去，关紧门，将会看到什么现象？

33.想想办法

拿一根火柴从一米高的地方松手让它下落，你能想办法让它落地后不再滚动吗？

34.越开越慢

爸爸带着皮皮开着新买的小汽车沿湖滨公路游览，皮皮坐在里面别提有多开心了。这时，皮皮从车镜里看到后面有一辆破旧的小货车，开得很慢，像一位老人在艰难地往后倒着走。小货车越走越远，渐渐看不见了，皮皮高兴得在车上手舞足蹈。

湖边的路只有三米多宽，是单行线，皮皮玩累了，一会儿就睡着了。等他一觉醒来，简直不敢相信自己的眼睛，小货车竟然慢腾腾地开在自己的车前面，它是怎么超过去的？

35.装的是什么

有4个瓶子分别装有白酒、啤酒、可乐、果汁，但是在装有果汁的瓶子上的标签是假的，其他瓶子上的标签是真的。根据下图，你知道每个瓶子里分别装的是什么吗?

36.点和线

如图，一笔画出4根直线把9个点连接起来。你能做到吗?

37.分蘑菇

两只小兔子在森林里采到了一堆蘑菇。为平均分配这堆蘑菇，它们争吵了起来，最后只好把这个问题交给森林国王老猴子来处理。结果老猴子给它们出了一个绝妙的点子，两只小兔子高高兴兴地均分了这堆蘑菇。

请问：老猴子出了一个什么点子呢？

38.在哪里

地球上有一所房子，当你在房子周围走一圈，要确定4个方向时，会发现四周的方向都一样。那么这所房子究竟在哪里？

39. 不买票的乘客

皮皮乘上一辆公共汽车，他发现买票的人（包括皮皮在内）只占了车上乘客的1/3，可汽车一直开到终点，司机和售票员也没有向另外2/3的人索要车票。

你知道这是为什么？

40. 比赛

达达和乐乐两兄弟经常用爸爸买给他们的摩托车进行双人飙车比赛。爸爸为此感到头痛不已。

有一天，爸爸对他们说：“我现在要你们两个进行比赛，晚到终点的车就能够获得出海旅游的机会。”爸爸以为这样就可以阻止他们飙车，没想到比赛一开始两兄弟的车速就比以前更快了。

这是为什么呢？

41.墓碑上的难题

在一块墓碑上刻着让人遐思的碑文，它曾吸引了无数人前来推测和祭奠。这块墓碑的碑文如下：

这里躺着女儿，这里躺着父亲；这里躺着儿子，这里躺着母亲；这里躺着姐妹，这里躺着兄弟；这里躺着妻子和丈夫。

如果包括同母异父或同父异母的关系，埋葬在墓地里的最少有几个人？

42.聪明的园丁

公园里新运来一些漂亮的花岗岩，其中一个重达15吨，另外一些小的也有150千克重。现在园丁师傅为了更加美观，想把这块大岩石放到小岩石上，但想要搬动这块15吨重的庞然大物似乎不太可能。刚巧有一位新来的园丁得知此事，两三下就把这块巨石搞定了。

你猜新来的园丁想了一个什么妙招？

43.指针重合

钟表的时针和分针不停地走。问时针和分针在一昼夜中有几次一点儿不差地重合?

44.探险家的问题

有一位探险家来到一个猛兽经常出没的村庄里，村里住着老实族和骗子族。聪明的探险家想知道今天有没有猛兽出没，就去问村民，他只问了一个问题就知道今天有没有猛兽出没。

请问：他问了一个什么问题?

45.要切多少刀

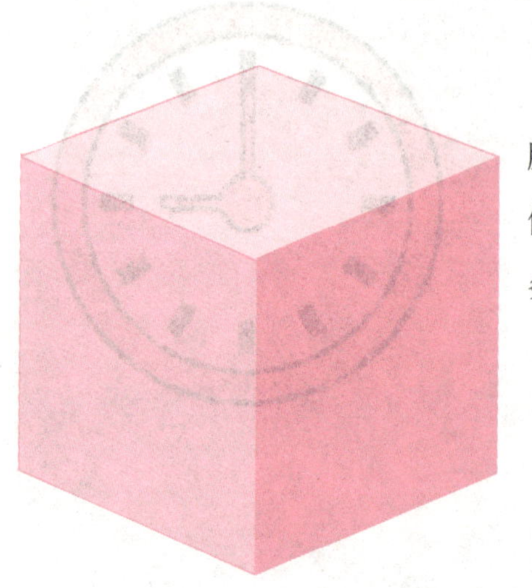

院子里有一个正立体的木墩。胖胖想把它切成27块用来搭积木。你猜胖胖最少要切几刀才能完成任务？

46.皮皮的魔法

皮皮用力将一只皮球扔了出去，球没有碰到任何障碍物。可奇怪的是，皮球在空中飞了一会儿后，又飞回了皮皮手中。你知道皮皮有什么本事能让皮球自动返回吗？

47.猜硬币

找12枚硬币，包括1分、2分和5分，共3角6分。其中有5枚硬币是一样的，那么这5枚一定是几分的硬币？

48.组成三角形

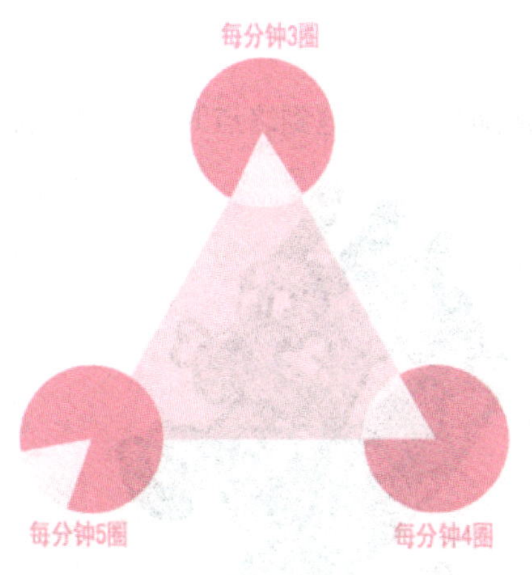

3个圆圈每分钟分别转3圈、4圈、5圈。从现在这个状态开始，多少分钟后，可以组成一个完整的三角形？

49.神奇的墨水

一块有64个白方格组成的形状大小一样的正方形白布上，不小心被哪个淘气鬼碰倒了墨水。墨水正好洒在正方形白布的两条对角线处。有位老先生说只要在干净处滴上8滴他特制的药水就可以让墨迹自动消除，但是这8滴药水不能处在同一横行或者竖行线上，也不准在同一条对角线上，如果违反了，整块布都会渗透成黑色。现在，老先生自己滴了一滴，剩下的7滴由你自己想办法解决，你该怎么做？

50.谁流汗多

两只狗赛跑，甲狗跑得快，乙狗跑得慢，跑到终点时，哪只狗流汗多？

51.谁看了足球赛

5个朋友中只有一个人上周看了足球赛。他们每个人说的三句话中，有两句是对的，一句是错的。根据他们的对话，思考谁看了足球赛？5个人的对话如下：

A说：我没有看足球赛。我上周没看过任何足球赛。D看了足球赛。

B说：我没看足球赛。我从足球场前走过。我读过一篇足球报道。

C说：我没看足球赛。我读过一篇足球评论。D看了足球赛。

D说：我没看足球赛。E看了足球赛。A说我看了足球赛，那不是真实的。

E说：我没看足球赛。B看了足球赛。我读过一篇足球评论。

52. 比赛结果

甲、乙、丙、丁4匹马赛跑，它们共进行了4次比赛。结果是甲快乙3次，乙又快丙3次，丙又快丁3次。很多人会以为，丁跑得最慢，但事实上，丁却快甲3次，这看似矛盾的结果可能发生吗？

53. 神秘的预测

右面有一个大方框，如果你相信事情会发生，请在方框里填上“是”，如果你不相信，就在方框里填上“否”。然后请看后面的解答去瞧瞧那件事情是什么，看你预测得正确不正确？我敢保证你一定预测得不正确。不信，你就试试！

54.一笔变偶数

9的罗马写法是IX。请问：如何加上一笔使它变成偶数？

55.相遇问题

某试验基地由于从事秘密的国防武器研究工作，离后勤基地比较远，后勤部每天都派出一辆军车往该基地运送后勤物资。后来由于工作的需要，该基地的一位军官要调到后勤部任职。他一早离开该基地前往后勤部报到，10天后到达后勤部。他的速度与往该基地运送物资的军车速度是一样的，并同时相对出发，你知道该军官一路上看到了几辆往返于试验基地与后勤基地间运送物资的军车吗？

56.瞎子买东西

一个哑巴在商店买钉子。他先把右手食指立在柜台上，左手握拳向下做敲击的动作，售货员给他拿来了一把锤子，哑巴连连摇头，于是售货员明白了他想买钉子。哑巴买完钉子高兴地走了。这时又进来了一个瞎子，他想买一把剪刀，请问他会怎么做？

57.拿硬币比赛

有10枚硬币，甲、乙两人轮流从中取走1枚、2枚或者4枚硬币，谁取最后一枚硬币就算输。请问：该怎么做才能获得胜利？

58.古希腊谜题

古希腊有一个神奇的怪物叫斯芬克司，它拥有一个女人的头像，后面却是狮子的身体。斯芬克司来到底比斯城后，蹲在一个小山头上，注视着路过的人。每一个要进入底比斯城的人都会被它拦住，然后被问一个问题：

“世界上有一种动物，这种动物早晨四条腿，中午两条腿，晚上三条腿，腿越多，力量越弱。这是什么动物？”

如果行人答不上来，立刻会被它吃掉；如果行人答对了，斯芬克司就会跳悬崖而死。后来俄狄浦斯回答了出来，为底比斯城除去了一大祸害。你知道应该怎么回答吗？

59.这是什么星球

机器猫说："在一个星球上，当你扔出一块石头后，它只在空中飞了一小段距离后就停顿在半空中，再向你的方向飞回来，当然它绝不是碰到了什么东西被弹回来的。"

你知道机器猫说的是哪个星球吗?

60.小丁的罚单

小丁和小林每人都刚买了一辆新车，周末约定开着新车去自驾旅游。他们同时由同一个地方出发，走的是同样的路线，小林的车没有超速，小丁的车也从来没有超过小林的车。

请问：小丁有可能被开罚单吗?

61.小熊猫的任务

最爱吃竹子的小熊猫今天怀里竟然抱了9根火柴棒。原来，小熊猫是要完成妈妈交给他的任务：用9根火柴棒拼出6个正方形。看来，小熊猫今天是完不成任务了。你能帮帮它吗?

62.行程安排

下个星期李经理的活动安排是：参观科技馆、去税务所、去医院看外科，还要去宾馆用午餐。宾馆是在星期三停止营业；税务所是星期六休息；科技馆在周一、三、五开放；外科大夫每逢周二、五、六坐诊。那么李经理应该在星期几才能在一天之内完成所有事情呢?

63.会发生什么事

如果现在一名美丽的小女孩刚出生了，那么世界上发生了什么事情？

64.猜机器人

高先生是一个高级程序员，但是他最近设计的三款机器人却出了一点儿问题：有一个永远都说实话，有一个永远都说谎话，另一个则有时说实话，有时说谎话。高先生不知道怎么分辨它们，就请高博士帮忙。

高博士一看，随口问了3个问题就知道怎么分辨了。他的问题是：

问左边的机器人："谁坐在你旁边？"机器人回答："诚实的家伙。"

问中间的机器人："你是谁？"机器人回答："总是犹豫不决的那位。"

问右边的机器人："坐在你旁边的是谁？"机器人回答："说谎话的家伙。"

根据上面3个问题及其回答，请你推测它们的身份。

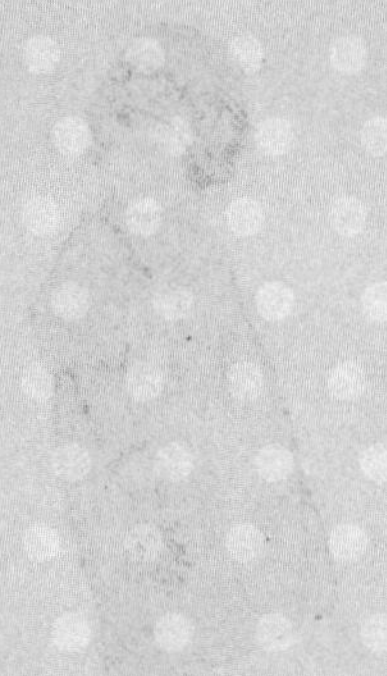

第二章

推理类游戏

千奇百怪、变幻莫测的推理游戏就像一个个难解的谜团，让你找不到答案，总感觉自己太笨。你想发掘其中的奥秘吗？那就静下心来玩一下这些推理游戏吧！

1.飞船里的乘客

有一天，在广阔的西伯利亚地面上降落了一艘子弹头式的宇宙飞船，随后从里面下来5个穿着奇装异服的稀客，有两个是火星人，其余的是水星人。

面对新闻媒体的热烈采访，5人的发言如下（其中的4个人说了真话，有一人撒谎）：

阿波罗说："泰勒和比尔两者之中只有一个是火星人。"

泰勒说："比尔和费卢之中有一个是水星人。"

比尔说："帕萨斯和费卢之中有一个人是水星人。费卢和阿波罗来自不同星球。"

费卢说："比尔和莱布之间至少有一个人是火星人。"

莱布说："阿波罗和泰勒之中有一个人是火星人。"

请问：他们之中哪几个是火星人，哪几个是水星人？

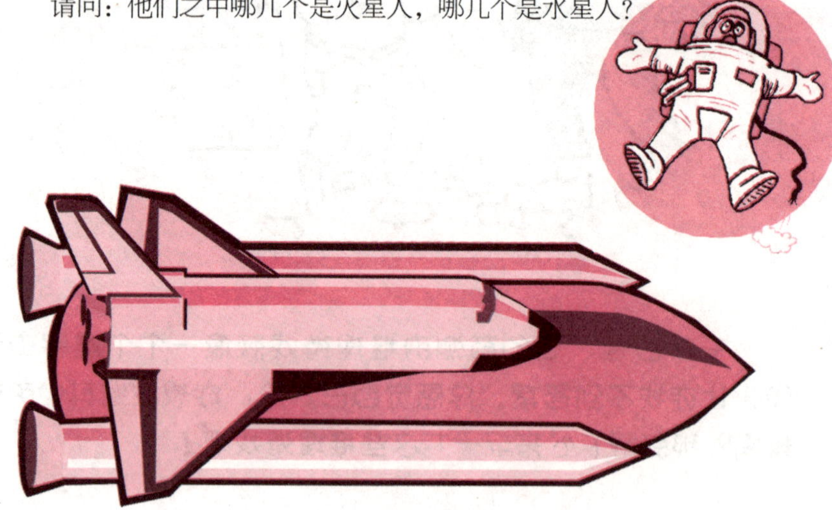

2.火中逃生

美国有一种火灾救生器，其实就是在滑轮两边用绳索吊着两个大篮子，把一个篮子放下去的时候，另一个篮子就会升上来。

如果在其中的一个篮子里放一件东西作为平衡物，则另一个较重的物体就可以放在另外的篮子里往下送。假如一只篮子空着，另一只篮子里放的东西不超过30磅，则下降时可保证安全。假如两只篮子里都放着重物，则它们的重量之差也不得超过30磅。

一天夜里，威尼的家里突然发生火灾。除了重90磅的威尼和重210磅的妻子之外，他们还有一个重30磅的孩子和一只重60磅的宠物狗。

现在知道每只篮子都大得足以装进3个人和一只狗，但别的东西都不能放在篮子里。而且狗和孩子如果没有威尼或他妻子的帮助，自己不会爬进或爬出篮子。

你能想出好办法尽快使这3个人和一只狗安全地从火中逃生吗？

3.扑克谜题

有一个人经常玩扑克牌，而且是变着花样地玩。一天，他摆出做了标记的3张扑克(如图)，扑克正反两面分别画上√或×。他说他可以把这3张扑克给任何人，在不让他看到的情况下选出一张，放在桌上，朝上的是正面或反面都没有关系。只要他看了朝上那面后，就会猜出朝下的是什么标记。猜对了，请对方给他100元钱；猜错了，他就给对方200元钱。扑克上√和×占总数各半，也没有其他任何记号。

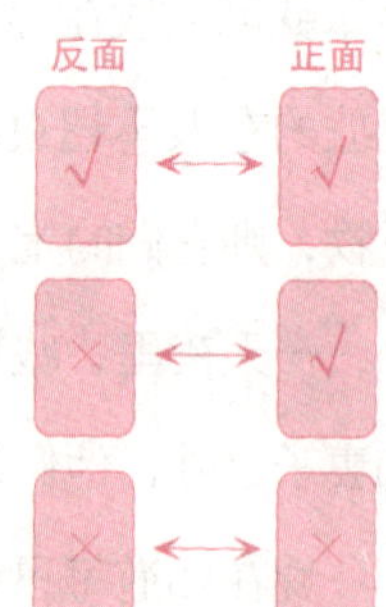

你觉得他有胜算吗?

4.猜测性别

皮特夫妇有7个子女，老大至老七分别为甲、乙、丙、丁、戊、己、庚。目前我们知道7个人的如下情况：

①甲有3个妹妹；

②乙有一个哥哥；

③丙是女的，她有两个妹妹；

④丁有两个弟弟；

⑤戊有两个姐姐；

⑥己也是女的，但她和庚没有妹妹。

根据这些条件，你能推算出谁是男性，谁是女性吗?

5.找出智者

甲、乙、丙三个人中，只有一个是智者。他们一起参加了语文和数学两门考试。

甲说："如果我不是智者，我将不能通过语文考试；如果我是智者，我将能通过数学考试。"

乙说："如果我不是智者，我将不能通过数学考试；如果我是智者，我将能通过语文考试。"

丙说："如果我不是智者，我将不能通过语文考试；如果我是智者，我将能通过语文考试。"

考试结束后，证明这三个人说的都是真话，并且智者是三人中唯一通过两门考试的人。

你知道这三个人中，谁是智者吗？

6.足球比赛

某次世界杯的四强赛中,小红、小明、小强对A、B、C、D四支球队的排名情况作了预测:

小红：A队第一，B队第三。

小明：C队第一，D队第四。

小强：D队第二，A队第三。

比赛结束后，三个人都没有完全猜中，但都猜对了一半，那么到底四支球队的排名情况如何呢？请判断！

7.连环问

数学课上，老师在黑板上用两个大三角板画出了如下图形，问同学们图中共有多少个三角形和长方形，又有多少个六边形，你能答对吗？

8.星期几

星期日一上班，罗伯特就接到一大堆事情，回到座位瞧见日历，他叹了一口气："原来今天13号，真是倒霉。"然后罗伯特拿出日程表对着日历安排起来，他发现了一件有趣的事情，这个月居然有5个星期二。这时安妮问罗伯特："这个月的最后一个星期五我们安排活动，那天是几号啊？"

罗伯特在看日历，当然知道。但是你知道这个月的最后一个星期五是几号吗？

9.过河问题

明明牵着一只狗和两只小羊回家，路上遇到一条河，没有桥，只有一条小船，并且船很小，他每次只能带一只狗或一只小羊过河。你能帮他想想办法，把狗和小羊都带过河去，又不让狗吃到小羊吗？

10.母亲节的礼物

母亲节快到了，佳佳去花店买了5束康乃馨送给5位母亲。每束花有8朵，有黄的、粉红的、白的和红的，现每种颜色都是10朵。为了让5束花看起来各有特点，每束花中不同颜色的花朵数量不全相同，不过每束花中每种颜色的花至少应该有一朵。

下面是5位母亲所收到花的情况：

张妈妈：黄色的花比其余3种颜色的花加起来还要多；

王妈妈：粉色的花要比其他任何一种颜色的花都少；

李妈妈：黄色和白色的花之和等于粉色和红色的花之和；

赵妈妈：白色花是红色花的两倍；

董妈妈：红色花和粉色的花一样多。

请问：5位母亲各自所收到的花中每种颜色的花各有几朵？

11.下一个星期五

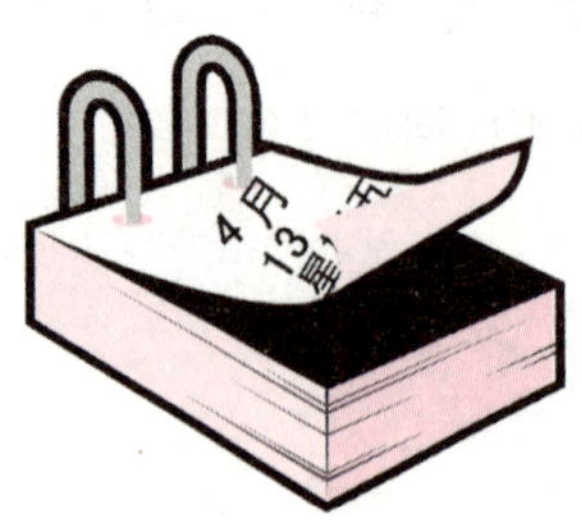

如果4月13号是星期五，那么距离下一个13号且是星期五有多少天？

12. 帽子的颜色

在一次生日派对上，准备了两顶蓝帽子和两顶红帽子。在前面扮演小丑的大毛、二毛、三毛排成一列。大毛后面站着二毛，二毛后面站着三毛。

他们3人头上各戴上一顶帽子，剩下的帽子被藏了起来。他们可以看到前面的人帽子的颜色，但看不到自己的。

“三毛，你的帽子是什么颜色？”

“不知道。”

“那二毛的呢？”

“我也不知道。”

请问：大毛和二毛戴的帽子是同种颜色吗？

13. 谁获得了体操全能冠军

去年夏天，兄弟3人分别参加了三项体育竞赛，即体操、撑杆跳和马拉松。经过比赛，他们三人每人都获得了其中一项竞赛的冠军。

已知情况是：老大没去参加马拉松比赛；老三没有参加体操比赛；在体操比赛中获得全能冠军称号的那个孩子，没有参加撑杆跳；马拉松冠军并非老三。

你能判断出谁是体操全能冠军吗？

14.聪明的刘墉

聪明的刘墉为官正直，经常为百姓请命，时间久了自然就危害到皇帝的利益，所以皇帝对刘墉很头疼。有一次，皇帝和刘墉在太和湖畔旅游，皇帝忽然间计上心头，他说道："刘墉啊，你最懂大清条例了，君叫臣死臣不得不死这一条，你知不知道啊？"刘墉马上叩头："禀皇上，臣知道。"

皇帝又问："如果朕让你死，你死还是不死？"

刘墉赶紧磕头："臣不敢抗旨。"

皇帝于是脸一绷说："赐刘墉跳进太和湖，不必再回来了。"

刘墉知道皇帝在找茬除掉自己，但皇命不能违啊！他只好一边迈步，一边想着办法。走到湖边，他就不走了，站在湖边恭恭敬敬地对着湖水叽里咕噜说话，说完作了三个揖一溜烟地跑回皇帝身边，说了一番话。这番话让他逃过了一劫。

请问，聪明的刘墉说的是什么话呢?

15.双胞胎

丁丁讲了这样一件怪事：有一对孪生姐妹，姐姐出生在2001年，妹妹出生在2000年。

你说可能吗？丁丁有没有撒谎?

16.谁是正常人

有一个地方的人分为四类：正常人、神志不清的人、正常的魔鬼、神志不清的魔鬼。正常人都说真话，神志不清的人都说假话；对魔鬼来说，正常的都说假话，神志不清的却说真话。

现在你问一个问题，就确定回答者到底是哪一类人是正常人，你能做到吗？

17.先后顺序

5个圣诞老人约好周末参加一次圣诞聚会。他们都不是在同一个时间到达约会地点的：A不是第一个到达约会地点；B紧跟在A的后面到达约会地点；C既不是第一个也不是最后一个到达约会地点；D不是第二个到达约会地点；E在D之后第二个到达约会地点。

你知道他们到达约会地点的先后顺序吗？

18.密室谋杀

有人在密室里死在了自己的床上，表情恐怖，可是尸检报告显示他既没有受外伤也不是死于下毒。按照一般惯例，像这样没有明显证据证明是他杀的就当成自然死亡了。

格林探长进行最后的努力，查看现场。现场表明没有任何外人进入这个房间，但是有一点引起了探长的怀疑，他发现死者的床的四条腿上有用钩子挂过的痕迹，好像床被抬起来过。他看看楼顶上的天花板，吊灯的地方有明显被移动过的痕迹，而床的床腿也稍微偏移了一点，这可以从灰尘上很容易判断出来。

探长又从死者的抽屉里找出一瓶药。看到这瓶药后，他判断出死者死于他杀。

请问：探长依据什么判断死者是被害的？

19.玩牌

3个探险家结伴去原始森林探险，路上觉得十分乏味就聚在一起玩牌。

第一局，甲输给了乙和丙，使他们每人的钱数都翻了一番。第二局，甲和乙一起赢了，这样他俩钱袋里面的钱也都翻了倍。第三局，甲和丙又赢了，这样他俩钱袋里的钱都翻了一倍。结果，这3位探险家每人都赢了两局而输掉了一局，最后3个人手中的钱是完全一样的。细心的甲数了数他钱袋里的钱，发现他自己输掉了100元。你能推算出来甲、乙、丙3人刚开始各有多少钱吗?

20.往返多少次

有3对新婚夫妇住在同一个院子里。这天他们都收到了请帖要到西城区去赴宴会，但门外只停着一辆能容纳两人坐的小汽车，而且没有司机。每个丈夫都嫉妒心强，随时要保护他美丽的新娘，不让自己的新娘和别的男子在一起。

请问：这3对夫妇该如何赴宴会？最少要往返多少次?

21.谁是真凶

一场混乱的枪战之后，某医生的诊所里冲进一个陌生人。他对医生说："我刚穿过大街时突然听到枪声，只见两个警察在追一个逃犯，我也加入了追捕的行列。但是在你诊所后面的那条死巷里遭到一个家伙的伏击，两名警察被打死，我也受伤了。"医生从他背部取出一粒弹头，并把自己的衬衫给他换上，然后又将他的右臂用绷带吊在胸前。

这时，警长和地方议员跑了进来。议员喊："就是他!"警长拔枪对准了陌生人。陌生人忙说："我是帮你们追捕逃犯的。"议员说："你背部中弹，说明你是逃犯!"

在一旁目睹一切的亨利探长对警长说："这个伤者不是真凶!"

那么谁是真凶呢?

22. 采了多少花

农夫生有3个女儿，这一家常年以到上山采花为生。碰巧农夫的3个女儿除了会采花以外，什么都不会。一天，农夫来检查她们的采花情况，大女儿说她采了1束花，二女儿说她采了2束，三女儿说她采了3束，但她们一共只采了4束花，显然至少有一个人在说谎。

大女儿说："三妹妹一贯都喜欢说谎。"

二女儿说："她们都说了谎。"

小女儿说："二姐说谎了。"

请问：她们各采了多少束花？

23.奇怪的杀人犯

一个小伙子杀了人之后逃跑，警方根据目击者的证言在一家饭店中找到了他。可是他见到破门而入的警察却一点也不惊慌，说自己一直在这里吃饭，没有离开半步。饭店的经理还有周围一同吃饭的人都证实了他的说法。可是从这个人的相貌和衣着上看他就是作案人，警方化验了他的指纹，结果发现指纹和案发现场遗留的确实不同。面对这样的结果，一群警察不知如何是好。队长突然来了一句："去查一下他们家的户口本，应该会有收获。"结果，他们顺利地抓到了凶手。你知道这是怎么回事吗？

24.玛丽的朋友

玛丽气质高雅、乐于助人，是班上9个同学希望交往的对象。而且这9个人之中，有一个人是玛丽真正的朋友。下面是这9人的话，假设其中只有4人说实话，那么究竟谁才是玛丽真正的朋友呢?

A：我想一定是G。B：我想是G。C：我是玛丽真正的朋友。D：C在说谎。E：我想一定是I。F：不是我也不是I。G：F说的是实话。H：C是玛丽真正的朋友。I：我才是玛丽真正的朋友。

25.戴墨镜的杀手

市郊的一座公寓里住着两个小伙子，一个姓田，一个姓林。

这天，大雪纷飞，王警官和助手接到小田报案，说刚才小林被人枪杀了。他们赶到现场，只见小林头部中了一枪，倒在血泊中。

小田说："我刚才正与小林吃火锅，忽然闯进来一个戴墨镜的人，对准小林开了一枪后逃走了。"

王警官看到桌上摆着还冒着热气的火锅，于是说道："别装了，你就是凶手!"

请问，这是为什么呢?

26.今天星期几

一天，同住一个院子里的小朋友们的闹钟同时罢工，所有人都起得很晚。由于大人都出去了，家里又没有日历，他们就围在一起讨论今天是星期几？

小红：后天星期三。

小华：不对，今天是星期三。

小江：你们都错了，明天是星期三。

小波：今天既不是星期一也不是星期二，更不是星期三。

小明：我确信昨天是星期四。

小芳：不对，明天是星期四。

小美：不管怎样，昨天不是星期六。

他们之中只有一个人讲对了，是哪一个呢？今天到底是星期几？

27. 谁是常胜将军

张老师、他的妹妹、他的儿子和女儿都是羽毛球能手。关于这4人的情况如下：

①常胜将军的双胞胎兄弟或姐妹与表现最差的人性别不同；

② 常胜将军与表现最差的人年龄相同。

请问：这4人中谁是常胜将军？

28.警长的推测

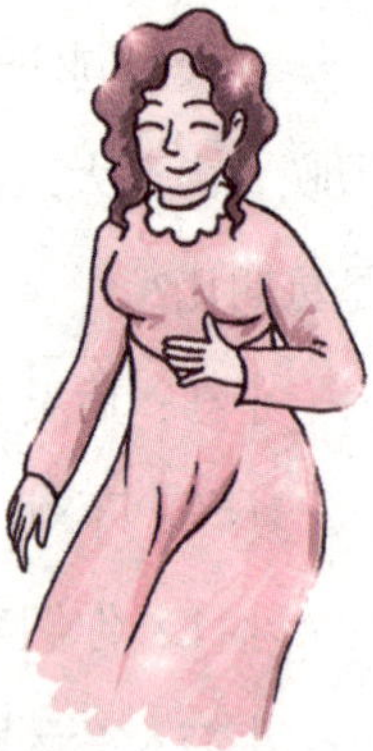

亚美死在卧室里，尸体是被来访的记者朋友发现的。他立刻拨打了110，刑警和法医以最快的速度赶到现场。

大约过了1个小时。“死因和死亡时间出来了吗？”刑警问法医。

“是他杀，大概已死亡24个小时了，但现场没有作案的痕迹。”法医回答。

“那就奇怪了。”

刑警忽然注意到桌子上的蜡烛在燃烧着，他顺手打开日光灯，却发现停电了。猛然，他意识到了什么。

“原来这具尸体是从别处移过来的。”

请问，刑警是凭什么做出推理的？

29.游戏的技巧

有两个女孩摘了一朵有着13片花瓣的圆形花，两人可以轮流摘掉一片花瓣或相邻的两片花瓣。谁摘掉最后的花瓣谁就是赢家，并以此来预测未来的婚姻是否幸福。实际上只要掌握一定的技巧，就能让自己永远都是赢家。

你知道怎样才能在这场游戏中取胜吗？先摘还是后摘？应采取怎样的技巧呢？

30.猜扑克牌

桌上有8张已经编号的纸牌扣在上面，它们的位置如左图所示：

在这8张牌中，只有K、Q、J和A这四种牌。其中至少有一张是Q，每张Q都在两张K之间，至少有一张K在两张J之间，没有一张J与Q相邻；其中只有一张A，没有一张K与A相邻，但至少有一张K与另一张K相邻。

你能找出这8张纸牌中哪一张是A吗？

31.一元钱不见了

一位老婆婆靠卖蛋营生。她每天卖鸡蛋、鸭蛋各30个，其中鸡蛋每3个卖1元钱，鸭蛋每2个卖1元钱，这样一天可以卖得25元钱。忽然有一天，有一位路人告诉她把鸡蛋和鸭蛋混在一起每5个卖2元，可以卖得快一些。第二天，老婆婆就尝试着这样做，结果却只得到了24元。老婆婆很纳闷，蛋没少怎么钱少了1元钱，去哪里了呢？

32.小雪的难题

小雪一直吵着要明明陪她一起打乒乓球。明明被吵得实在受不了，于是想出一个妙计：“小雪，这个袋子里放了两个乒乓球，一个是黄色的，另一个是白色的。现在，要你伸手进去拿乒乓球。如果你拿到黄色的，我陪你玩，但如果拿到白色的，就要放弃了，而且不能再吵我！”

小雪的眼睛顿时亮了起来，但此时却瞥见转过身的明明放了两个白色乒乓球进去。那么，不论她拿到哪一个都会是白色的。

请问：小雪是不是打不成乒乓球了？

33.杰克的国籍

在一次国际范围的户外活动中，聚集了好几个国家的人。现在知道，所有的英国人穿西装；所有的美国人穿休闲服；没有既穿西装又穿休闲服的人；杰克穿休闲服。

根据以上条件，下面哪个说法一定是正确的？

杰克是英国人；

杰克不是英国人；

杰克是美国人；

杰克不是美国人。

34.谁是富翁

在一个灾荒之年，可怜的父亲就要断炊了，所以不得不求助于5个都已成家立业的儿子。他不知道哪个儿子有钱，但他知道，兄弟之间彼此知道底细，且有钱的说的都是假话，没钱的才说真话。

老大说："我的四个兄弟中，只有一个有钱。"

老二说："我的四个兄弟中，有两个没钱。"

老三说："我们兄弟五个中有的没钱。"

老四说："老大和老二都有钱。"

老五说："老三有钱，另外老大承认过他没钱。"

5个儿子中谁有钱，你知道吗？

35.谁说真话

劳斯生有 4 个儿子。3个哥哥都生性顽劣，只有最小的弟弟善良淳朴。不过二哥还算善良，也会说真话。

下面是他们关于年龄的对话。

劳拉：“劳莎比劳特年龄小。”

劳莎：“我比劳拉小。”

劳特：“劳莎不是三哥。”

劳茵：“我是长兄。”

你能判断他们的年龄顺序吗？

36.谁是幸运者

学校来了A、B、C、D、E5位应聘舞蹈老师。她们当中有两位年龄超过30岁，另外3位小于30岁。而且有两位女士曾经是老师，其他的3位是秘书。现在只知道A和C属于相同的年龄档，而D和E属于不同的年龄档。B和E的职业相同，C和D的职业不同。但是校长只想挑选一位年龄大于30岁的老师任舞蹈老师。你猜谁是幸运者？

37.谁才是凶手

早上，来到公司上班的员工发现公司总经理李经理倒在地上已死去多时，报警之后警方马上封锁现场开始调查。很快，警方就锁定了三个犯罪嫌疑人开始了讯问。

李经理公司的对手公司张经理。他说自己在公司加班，保安证实了这种说法，说巡查的时候看到其办公室的灯是亮着的；且张经理办公室的座机上有一通打往美国的长途电话，证明案发时张经理正在打电话。

李经理的秘书王冰。经理曾公开在公司大会上批评她工作不认真，因此记恨他，扬言要给他好看。可王冰的男朋友说案发时王冰正和他在一起。

李经理的情人谢雨。昨天下午谢雨来李经理的公司大闹了一场，威胁他再不娶自己就要他死。但谢雨的三个好朋友证明案发时她们正一起打麻将。

警方一筹莫展，凶手一定在这三个人里，可到底是谁说了谎，谁又做了伪证呢？

聪明的朋友们，你们知道么？

38.属于哪一个家庭

在拉拉的13岁生日会上，共有12个小孩，并分别来自甲、乙、丙3个不同的家庭，当然，拉拉所在的家庭也包含在甲、乙、丙中。这12个孩子中，除了拉拉13岁外，其余的都不到13岁，而且每个孩子的年龄都各不相同。在1～13这13个数字中，除了某个数字以外，其余的数字都表示某个孩子的年龄。把每个家庭孩子的年龄加起来，得出以下结果：

甲家庭：年龄总数41，包括一个12岁；

乙家庭：年龄总数23，包括一个5岁；

丙家庭：年龄总数21，包括一个4岁。

请问：拉拉属于哪一个家庭？这3个家庭的年龄组合是什么样的？

39.前后顺序

甲、乙、丙、丁、戊、己6个人列成一排开始训练。己没有排在最后，而且他和最后一个人之间还有两个人；戊不是最后一个人；在甲的前面至少还有四个人，但他没有排在最后；丁没有排在第一位，但他前后至少还有两个人；丙没有排在最前面，也没有排在最后。

请问：他们6个人的顺序是怎么排的？

40.一桩谋杀案

沿江路某别墅发生了凶杀案，死者名叫罗莎。现场没发现凶手的指纹，尸体也完好无损，没有中毒或伤痕。最先发现死者的是死者的朋友丽莎，她对前来询问的杰西探长说："我们约好今天上午9点我来找她，今天我一早就到了，看大门开着就直接进了门，见她斜靠在沙发上，我想和她开个玩笑吓吓她，可当我正准备大喊时想起来罗莎有心脏病。于是我走过去推推她，可她竟顺着我的手势倒在了沙发上。我探了探，她鼻息全无，我霎时惊出浑身冷汗。这时她的管家回来了，她丢下菜篮扯住我的衣服说我杀了她家主人。我真是百口莫辩！真的，我去的时候她已经死了，请您一定要相信我！"

经过调查，丽莎所言非虚。法医确定死者的死亡时间是在早晨7~8点，而丽莎9点左右才进入别墅，有邻居为她证明。比利探长注意到"心脏病"这三个字，他相信丽莎是无辜的，那么谁是杀害死者的真凶呢?

41.电影主角

亚历克斯•怀特有两个妹妹：贝尔和卡斯；怀特的妻子费伊•布莱克有两个弟弟：迪安和埃兹拉。他们6人中有一位担当了一部电影的主角，其余5人有一位是该片的导演。

怀特家	布莱克家
亚历克斯	迪安：舞蹈家
贝尔：舞蹈家	埃兹拉：歌唱家
卡斯：歌唱家	费伊：歌唱家

① 如果主角和导演是亲兄妹或姐弟，则导演是个歌唱家；不是亲兄妹或姐弟，则导演是位男士。

② 如果主角和导演职业不同，则导演姓怀特。

③ 如果主角和导演性别相同，则导演是个舞蹈家；性别不同，则导演姓布莱克。

请问：谁是电影主角？

42.有多少个桃子

一只从没出过远门的小猴子跑到一个桃园里，摘了很多桃背起来就走，没走几步，就被山神拦住了。山神说要见面分一半。小猴子只好无奈地把桃分了一半给山神。分完以后，山神看见小猴子的包里有一个特别大的桃，又拿走了那个桃。

小猴子非常不高兴，背着桃悻悻地走了。没走一里路，又被风爷爷拦住了。同样，风爷爷从小猴子的包里拿走了一半外加一个。之后，小猴子又被雨神、电神、雷神用同样的办法要走了桃。等小猴子到家的时候，包里只剩下一个桃。小猴子心想：反正就只有一个，干脆我自己吃了吧。这下，却被妈妈看见了。小猴子委屈地向妈妈诉说自己的遭遇。妈妈问他原来有多少个，小猴子说他也不知道有多少个，而且他们每人拿走了多少也不知道。但妈妈一算就知道猴子原来有多少个桃。你知道吗?

43.鸵鸟蛋

甲、乙、丙、丁4个人暑假里到4个不同的岛屿去旅行，每个人都在岛上发现了鸵鸟蛋(1~3个)。4人的年龄各不相同，从18~21岁。

目前只知道下列情况：

①丙是18岁。

②乙去了A岛。

③21岁的男孩发现的蛋的数量比去A岛男孩的少1个。

④19岁的男孩发现的蛋的数量比去B岛男孩的少1个。

⑤甲发现的蛋和去C岛的男孩发现的蛋之中，有一处是2个。

⑥去D岛的男孩发现的蛋比丁发现的蛋要少2个。

请问：他们分别是多少岁？分别在哪个岛上发现了多少个鸵鸟蛋？

44.谁在谁的左边

左边和右边是一个很简单的问题，可往往有人会把它们弄混。请试试下面这个问题：

林林的左边是佳佳，佳佳的左边是花子，花子的左边是沙沙。

请问：沙沙永远都在林林的左边吗？

45.不同的态度

有一个朋友打电话向保罗问了一个问题。保罗回答："哦，我告诉你吧。"

挂了电话后，过了一会儿，又有一个朋友打电话来，问了他一个几乎一样的问题，这次保罗却回答："笨蛋！这我怎么会知道？"

保罗跟这位朋友也不是关系特别不好，也不是在开玩笑。

请你想想他到底被这两个朋友问了什么样的问题？

46.动物的数量

一日，可可独自一人到动物园里去观赏动物。他只看了猴子、熊猫和狮子三种动物。这三种动物的总数量在26~32只。

根据下面的情况，说说这三种动物各有多少只？

① 猴子和狮子的总数量要比熊猫的数量多。

② 熊猫和狮子的总数量是猴子总数的两倍还要多。

③ 猴子和熊猫的总数量是狮子数量的三倍还多。

④ 熊猫的数量比狮子数量的两倍要少。

47.新郎之死

黎明时分，一个散落着鞭炮碎屑的院落里传来了凄厉的哭声，随即新娘披头散发地冲出门外。惊醒的人们聚集在新房，都被惨景惊呆了：红色的婚床上新郎的头与身体已经分离，鲜血把被褥染成了紫红色。人们马上请来了丹尼探长。探长拿着专业的器具查探线索和收集指纹，在厨房发现了一把染血的菜刀，刀上查出了新娘的指纹。他若有所思地说："新娘能否跟我单独谈谈？"悲痛欲绝的新娘跟探长走进了书房。

一个小时过去，人们忽然听到新娘歇斯底里地叫了一声，随即没有了声音。探长打开书房的门，对新郎的父母说："凶手已经查到了！是新娘！"这场婚姻是这二人自主决定的，新娘对新郎没有任何怨恨。聪明的朋友，为什么探长会说是新娘杀了新郎呢?

48.昆虫聚会

蜜蜂、蝴蝶、蜻蜓如图A所示正排队参加昆虫聚会。忽然，队长让它们变成了如图B的排列方式。如果：

①相邻的叶子是空的，就可以飞过去。

②隔一个叶子相邻的叶子是空的，也可以飞过去。

③不可以两只昆虫同时停在一片叶子上。

请问：它们一共要飞几次才能完成图B的顺序呢?

49.汽车是谁的

凯特、丽萨和玛丽每人都拥有3辆车：一辆双门、一辆四门、一辆五门。每个人也都分别有一辆别克、一辆现代、一辆奥迪。但是，同一品牌的汽车门的数量却各不相同：凯特的别克汽车门的数量与丽萨的现代汽车门的数量一样；玛丽的别克汽车门的数量与凯特的现代汽车门的数量一样；凯特的奥迪汽车为双门，而丽萨的奥迪汽车则有四门。

请问：

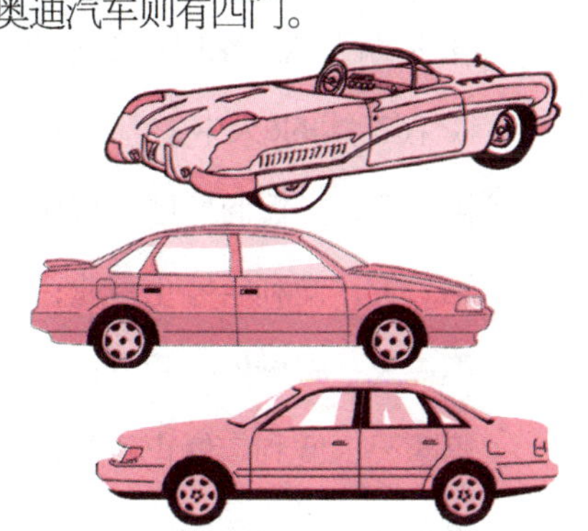

① 谁拥有一辆双门的别克汽车？

② 谁拥有一辆四门的别克汽车？

③ 谁拥有一辆五门的别克汽车？

④ 谁拥有一辆五门的现代汽车？

⑤ 谁拥有一辆五门的奥迪汽车？

50.六边形的桌子

A~F6个人围着一个六边形的桌子而坐（如下图）。图中已经填好了A和B的位置，请根据下面的提示依次把其他人的空位填满。

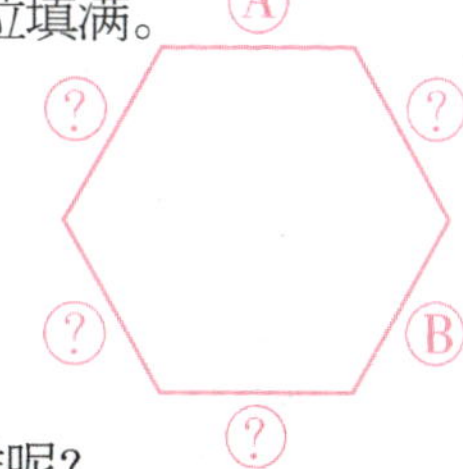

①A坐在F右手边隔两个空位的位子上。

②C坐在D的正对面。

③E坐在F左手边隔一个空位的位子上。

那么，如果F不是坐在D的隔壁，A的右边会是谁呢？

51.奇怪的城镇

某国有一个城镇，里面的人特别爱好休闲。这个城镇只有一家便利店、一家打折商场和一家邮局。每星期中只有一天全部开门营业。

① 每星期这三家单位各开门营业4天。

② 三家单位没有一家连续3天开门营业。

③ 星期天这三家单位都停止营业。

④ 在连续的6天中：

第一天，打折商场停止营业；

第二天，便利店停止营业；

第三天，邮局停止营业；

第四天，便利店停止营业；

第五天，打折商场可能不停止营业；

第六天，邮局停止营业。

有一个人初次来到这个城镇，他想在一天之内去便利店里买东西，又要去打折商场买衣服，还要去邮局寄信。请问：他该选择星期几出门？

52.谁是贫困生

Jane、Kate、Lily是同一所大学的学生，她们中有两位非常聪慧，有两位非常有气质，有两位是才女，有两位家境富裕。每个人至多只有三个令人注目的特点：

——对于Jane来说，如果她非常聪慧，那么她家境富裕。

——对于Kate和Lily来说，如果她们非常有气质，那么她们也是才女。

——对于Jane和Lily来说，如果她们是家境富裕的，那么她们也是才女。

学校需要找出一名贫困生给予助学金，你知道她们三人中谁是贫困生吗？

53.盗窃案的真相

雷米警长正在审问一宗盗窃案的5个嫌疑犯，他们当中只有3个人说的是真话。根据他们的说辞，你能猜出谁是小偷吗？

A：D是小偷。

B：我是无辜的。

C：E不是小偷。

D：A说的全是谎话。

E：B说的全是真话。

54.同学会上的毒杀案

甲、乙、丙、丁4人在酒吧里围坐在一张正方形桌子喝酒时，丁突然中毒身亡。对于警探的讯问，甲、乙、丙3人各作了如下的两条供词：

甲：我坐在乙的旁边。不是乙就是丙坐在我的右侧，这个人不可能毒死丁。

乙：我坐在丙的旁边。不是甲就是丙坐在丁的右侧，这个人不可能毒死丁。

丙：我坐在丁的对面。如果我们当中只有一个人撒谎，那人就是毒死丁的凶手。

警探在和酒吧的侍者交谈之后，证实他们中只有一个人撒谎，也确实只有一个人毒死了丁。请问：到底是谁毒死了丁？

55.问号处该填什么数

你能推出问号处代表什么数吗？

1，3，4，7，11，18，29，？

56.压岁钱

洋洋是一个节俭的孩子。刚过完新年，他就把大人们给他的压岁钱都存进了银行。他的4个兄弟姐妹都很想知道洋洋到底有多少压岁钱。

哥哥说：洋洋有500元压岁钱。

姐姐说：洋洋至少有1000元压岁钱。弟弟说：我猜哥哥的压岁钱不到100元。妹妹说：哥哥的存折上最少有100元。这4个人中，只有一个人猜对了。你能推断出洋洋到底有多少压岁钱吗？

57. 谁在撒谎

粗心的汤姆先生把5000元现金落在了客厅的桌上。等他想起来时，钱已经不见了。家里只有他的两个孩子：杰米和雷米。

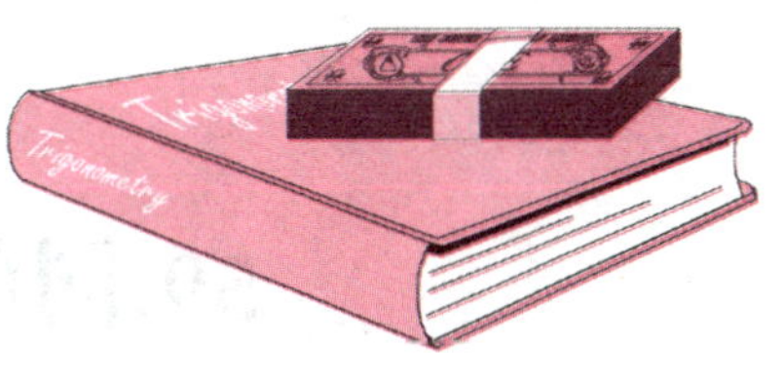

杰米说：“是的，我看见了。我把它放在了你房间的书桌上，用一本黄皮书压上了。”

雷米说：“是的，我也看见了。我把它夹在了黄皮书的第113页和114页之间。”

汤姆听完他们两个人的说辞立刻就明白谁撒了谎。你知道吗？

58.一封来自国外的信

有一天汤姆收到一封来自国外的信。信的内容是这样的：“今天是我来到以色列的第5天，我去了这个国家和约旦接壤的国界附近，在那里的湖中痛快地游了一次泳。以前，你们一直嘲笑我是一个旱鸭子，可这一次我的表现实在是太棒了！我发现游泳真的是一种享受。我既能够游自由泳，也能够游仰泳。当我伸展四肢浮在水面上仰望蓝天、白云时，我简直像进了天堂。我甚至还吸了一口气潜入水下。事后我才知道我的下潜深度已经达到海平面下390米，而我竟然没有使用任何潜水工具。说了这么多，你一定认为我是在撒谎，但我说的是千真万确的，只不过游泳之后皮肤感到很粗糙……”

看了上面这封信，汤姆一直觉得他的朋友是在吹牛。那么他是在吹牛吗？可信度到底有多少？

59.同颜色的糖块

有一瓶糖块，其中有红、黄、蓝3种颜色。如果蒙上你的眼睛，让你抓取两个同种颜色的糖块：请问如果每次只能抓取一块糖，你要抓取多少次，才能确保抓到的糖块中至少有两块是同样的颜色？

60.银行失窃案

著名的格林银行一夜被盗。办案人员来到现场时已经是第二天的上班时间，经理进行例查的时候才发现存放巨额现金和珠宝项链的保险柜的门洞开着。现场并没有爆破痕迹，一切显得很平静，要不是洞开的保险柜门里一无所有，经理还以为昨天忘锁保险柜了呢！

经理对前来办案的探长详细描述了银行的保全系统，包括摄像头和触发式报警系统。摄像头有一个缺陷，就是覆盖角度不是360°，也就是说还有死角；但触发式报警系统埋藏到地板下，在保险柜前一丈见方的地方布满了传感器，一只苍蝇落到上方也会引发报警系统的警报。可是银行还是被盗了，难道窃贼是飞过去的吗？

探长仔细分析了摄像头和报警系统，终于发现了窃贼利用这两个安全系统的缺陷成功窃取了现金和珠宝项链。

61.粮食的重量

大米、小米和玉米分别装在3只袋子里，它们的重量都在35~40斤。用一台最少称50斤的磅秤，最少称几次就能称出小米、大米和玉米各重多少斤？

大米 小米 玉米

62.教授之死

玻璃制造专家莫科多教授死了，多伦探长被派去侦查此案。他来到莫科多被杀的书房，莫科多教授倒在书架旁，胸口插着一把刀。多伦准备扶起莫科多教授时，忽然看到莫科多教授手里抓着一本《玻璃制造教程》。

“教授为什么死前抓着这本书？他想说什么呢？”多伦想。他翻开这本书，又到书店仔细核对了一下，这本书与其他的书内容一模一样，他只好着手在探访莫科多教授的人中找线索。据莫科多的邻居讲，昨天来过的人有：莫科多的小女儿莉莉，他的同事波利威尔，还有他的前妻玛丽亚。多伦仔细地看着这些线索，又翻开书看了看，忽然他发现了真相。

请问：多伦发现了什么呢?

63.提示性推理

由下列给出的提示项，推理一个概念或名词。

A.元末明初　　B.三顾茅庐　　C.一部历史画卷

64.买衣服

凯特、吉姆、苏森和乔治来到一家商店选购衣服。售货员介绍道：

“英雄牌每件90美元，豪杰牌每件50美元，佳人牌每件100美元，风华牌每件95美元。”回家后，他们高兴地聊了起来。凯特说：“我这件衣服花了90美元。”“是吗？”买了佳人牌的人说：“我买的比乔治那件价钱要贵。”“我选择的是最便宜的一种。”另一个对吉姆说。“而我买的这件比你买的价钱要低一些。”乔治告诉吉姆。根据上述对话，请您判断一下他们4个人分别买的是哪种牌子的衣服?

65.女秘书

由于朗克总裁被杀，他的三位秘书玛丽、琳达和莉莉都受到警方的传讯。这三人中有一人是凶手，另一个人是同谋，第三个人则是毫不知情者。她们的供词说的都是别人，这些供词中至少有一条是毫不知情者说的，而且毫不知情者说的是真话。她们的供词如下：

① 玛丽不是同谋。

② 琳达不是凶手。

③ 莉莉参与了此次谋杀。

请问：这三位秘书中，哪一个是凶手?

66.收藏画

小花、小娟、小叶、小美4人是很好的朋友，她们每个人都有一些《灌篮高手》的收藏画(数量不同，5~8幅)。有一天，小花送给另外3人中的一个人一些收藏画，小娟、小叶、小美也做了同样的事情。结果每人都从别人那里得到了收藏画。互相赠送的收藏画数量各不相同，在1~4幅。交换后，4人手里的收藏画数量依然不相等。

根据以下条件，请推断最初这4人各有几幅收藏画？每人又给谁多少幅？交换后每人还有多少幅呢？

① 小花最初拿着7幅，送给了小娟几幅。

② 小娟向某人赠送了3幅。

③ 小叶从别人那里得到1幅。

67.丁丁的想法

丁丁经常喜欢和他的两个同胞兄弟用猜拳的方式来决定谁做家务，可老是打平手，分不出胜负。于是，丁丁就想：如果一次只有两个人的话，就不会出现这么多次平手了。

你认为丁丁的想法正确吗？

68.白马王子

罗萨公主心目中的白马王子是高鼻子、白皮肤、长相帅气的男士。她认识亚历山大、汤姆、杰克、皮特4位男士，其中只有一位符合她要求的全部条件。

① 4位男士中，只有3人是高鼻子，只有两人是白皮肤，只有一人长相帅气。

② 每位男士都至少符合一个条件。

③ 亚历山大和汤姆都不是白皮肤。

④ 汤姆和杰克鼻子都很高。

⑤ 杰克和皮特并非都是高鼻子。

请问：谁符合罗萨公主要求的全部条件？

69.员工的数量

单位年底召开“优秀员工表彰大会”，老田望了望和自己一样站在主席台上接受表彰的同事，对站在旁边的小王说：“哈，女同事还真不少呢，占了1/3。”小王也看了看说：“哪有那么多，也就占1/4。”他们都没说错，那么站在主席台上的人到底有多少男员工，多少女员工呢？

70.妻子无罪

大力出去捕鱼，回来时兴冲冲地交给妻子一条口小头圆、背部黑褐色、腹部白色的鱼。他发现鱼的眼睛是蓝绿色，非常奇怪就没舍得卖，而是拿回家自己吃。大力的妻子像平时一样做了鱼，盛了一碗给大力，就去接快放学的孩子了。等妻子接完孩子回到家，却发现大力竟然死了，碗里的鱼肉也已经被吃得干干净净。

大力的弟弟非常悲痛，告自己的嫂子毒死了哥哥。

派出所的老王听了大力妻子的叙述后就放了大力的妻子，并且说，大力的死亡不是他妻子造成的。

请问：老王凭什么说大力的妻子无罪?

71.小鸟吃虫子

在一个虫子不太多的日子里，黄鸟、白鸟、黑鸟、绿鸟4只鸟还是想方设法各自捉到了一条虫子。虫子的长度各不相同，分别是3厘米、4厘米、5厘米、6厘米。以下是4只鸟的话，其中捉到红色虫子的2只鸟的话是真话，捉到黑色虫子的2只鸟的话是假话。

黄鸟：“我捉的虫子有4厘米或者5厘米长。”

白鸟：“黑鸟捉到的是3厘米的红虫子。”

黑鸟：“绿鸟捉的是5厘米的黑虫子。”

绿鸟：“白鸟捉的是4厘米的红虫子。”

请问：每只鸟分别捉到了多长的、什么颜色的虫子?

72.玛瑙戒指

有4个可爱的女子，其中1人是有妖性的女子，她常常撒谎，其他3人是单纯的女子，从不撒谎。她们每个人都戴着一枚戒指，其中的一枚戒指是玛瑙戒指，戴着它的人，无论是单纯的女子还是有妖性的女子，都会说谎。而且，她们互相都知道谁是有妖性的女子，谁是戴着玛瑙戒指的女子。

根据以下对话，推断到底谁是有妖性的女子？谁戴着玛瑙戒指呢？

拉拉说："我的戒指不是玛瑙戒指。"

奇奇说："天天是妖性女子。"

天天说："戴着玛瑙戒指的是兜兜。"

兜兜说："天天不是有妖性的女子。"

73.谁是谁的新娘

大林、二林和小林三兄弟家的隔壁住了春红、夏红、秋红三姐妹。他们彼此都有喜欢的对象，三对恋人决定一起结婚。但他们非常害羞，在说自己的新娘、新郎的时候都故意讲错。

①大林："我要跟春红结婚。"

②春红："我要跟小林结婚。"

③小林："我要跟秋红结婚。"

请猜猜谁是谁的新娘？

74.丽莎之死

丽莎是个美丽多情的姑娘，经常有小伙子在她家门口流连徘徊。但有一天，她忽然失踪了，两天后在离她家不远的山上的树林里发现了她的尸体。尸检显示，她脖子上有明显的掐痕，死于10小时前。凶手没有留下任何痕迹，比如指纹、脚印等，所以破案难度非常高。

汤姆警长找不到任何头绪，只好找自己的一个摄影师朋友杰克谈心。杰克听完汤姆警长的叙述，不紧不慢地问：“你是说死者时间不超过12小时？”汤姆说：“是的，可是那又有什么关系，一点线索都没有！”杰克笑了，自信地说：“如果时间是确定的，我相信很快就找到真凶了！”

请问：杰克为什么说可以很快找到真凶？

75.称糖

用一个只能称100克以上物品的天平，称3块重量都比50克大但都达不到100克的糖。请问：你用什么办法能准确地称出它们的重量？

76.酒徒的礼物

有5个嗜酒如命的人，他们的绰号分别是“威士忌”、“鸡尾酒”、“茅台”、“伏特加”和“白兰地”。某年圣诞节，他们之中的每一个人，都向其他4个人中的某一个人赠送一瓶酒；没有两个人赠送的是相同的礼品；每一件礼品都是他们中某个人的绰号所表示的酒；没有人赠送或收到的礼品是他自己的绰号所表示的酒。“茅台”先生送给“白兰地”先生的是鸡尾酒；收到白兰地酒的先生把威士忌酒送给了“茅台”先生；其绰号和“鸡尾酒”先生所送的礼品名称相同的先生把自己的礼品送给了“威士忌”先生。

请问：“鸡尾酒”先生所收到的礼品是谁送的？

77.五角星的数

依据图1，找出图2问号所代表的数。

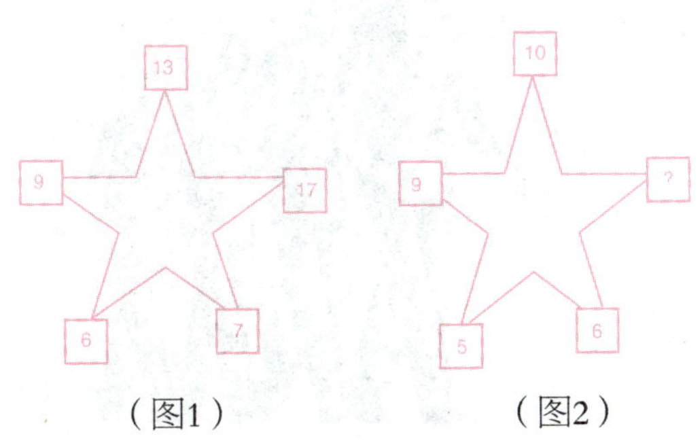

（图1）　（图2）

78.富翁死亡之谜

一个富翁在寓所遇害，4个嫌疑人受到警方传讯。警方有充足的证据证明在富翁死亡当天，这4个人都单独去过一次富翁的寓所。

在传讯前，这4个人共同商定，每人给警方的供词都是谎言。这几个人所做的供词是：

约翰：我们4个人谁也没有杀害富翁。我离开富翁寓所的时候，他还活着。

罗伯特：我是第二个去富翁寓所的。我到达他寓所的时候，他已经死了。

丹尼：我是第三个去富翁寓所的。我离开他寓所的时候，他还活着。

默里森：凶手不是在我去富翁寓所之后离开的。我到达富翁寓所的时候，他已经死了。

你知道这4个人中谁杀害了富翁吗？

79.谁说的正确

甲、乙、丙三人准备去爬山。天气预报说，今天可能下雨。围绕天气预报，三个人争论起来。

甲：今天可能下雨，那并不排斥今天也可能不下雨，我们还是去爬山吧。

乙：今天可能下雨，那就表明今天要下雨，我们还是不去爬山了吧。

丙：今天可能下雨，只是表明今天不下雨不具有必然性，去不去爬山由你们决定。

对天气预报的理解，三个人中谁正确？

80.杀妻案

一天晚上，小野先生打电话报警，说他妻子在家开枪自杀了。警官接完电话，立即赶到小野家。

小野说，他正在楼下看电视，忽然听到楼上卧室里传来一声枪响，跑上楼一看，他妻子右手握着一把手枪，头部中弹趴在梳妆台上，已经死去。警官听完，仔细检查了卧室，然后将溶解了的石蜡涂在小野妻子的右手上，同时对小野说：“等石蜡一凝固，就能断定你妻子是不是自杀了。”小野见状便乖乖认罪了，交代了杀妻经过。

你知道这是怎么回事吗？

81.仙桃的数量

4个仙女手中拿着仙桃，每个人的数量不同，为4~7个。然后，4个人都吃掉了1个或2个仙桃，结果每个人剩下的仙桃数量还是各不相同。

4人吃过仙桃后，说了如下的话。其中，吃了2个仙桃的人撒谎了，吃了1个仙桃的人说了实话。

西西：“我吃过红色的仙桃。”

安安：“西西现在手里有4个仙桃。”

米米：“我和安安一共吃了3个仙桃。”

拉拉：“安安吃了2个仙桃。”“米米现在拿着的仙桃数量不是3个。”

请问：最初每人有几个仙桃，吃了几个，剩下了几个呢？

82.猜职业

有一个小院里住着三户人家，他们是王海、李江和蒋方，其中蒋方住在两家的中间。一个人是木匠，一个人是瓦匠，还有一个是鱼贩，可是谁也不知道他们三人各做什么职业，只是常听说鱼贩在王海外出不在的时候，到处追赶王海饲养的猫。而李江每次带女朋友到家里，木匠总是吃醋，咚咚地敲着李江的墙。你能在5分钟之内分辨出他们三人各自的职业吗？

第三章

智能类游戏

严谨、有趣的逻辑思维是很多人都缺乏的一种能力，它会让很多头脑“简单”的人在毫无知觉中掉入陷阱。如果你不想掉入别人的陷阱，那就来玩儿这些游戏吧！

1.花数相连

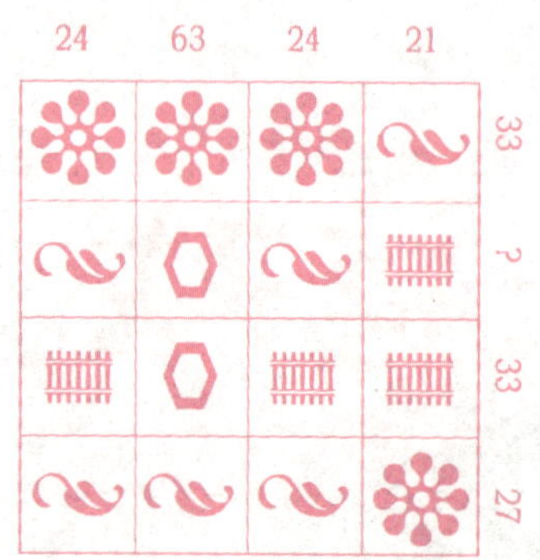

图中方框里的每一种花代表一定的数值，上方和右方标示出竖列和横向各数相加之和。请在问号处填上正确的数字。

2.难解的债务关系

甲、乙、丙、丁4人是好朋友。有一天，甲因为要办点事情，就向乙借了10元钱，乙正好也要花钱，就向丙借了20元钱，而丙自己的储蓄实际上也并不多，就向丁借了30元钱。而丁刚好在甲家附近买书，就去找甲借了40元钱。

恰巧有一天，4人决定一起出去逛街，乘机也将欠款一一结清。请问：他们4人该怎么做才能动用最少的钱来解决问题呢?

甲　　乙　　丙　　丁

3.巧填算式

请你在下面的三道算式里分别填上合适的运算符号，使等式成立。

①2 3 4 5 6 7 1=51

②5 6 7 1 2 3 4=51

③6 7 1 2 3 4 5=51

4.损失了多少财物

顾客拿了一张百元钞票到商店买了25元的商品，老板由于手头没有零钱，便拿这张百元钞票到朋友那里换了100元零钱，并找了顾客75元零钱。

顾客拿着25元的商品和75元零钱走了。过了一会儿，朋友找到商店老板，说他刚才拿来换零钱的百元钞票是假钞。商店老板仔细一看，果然是假钞，只好又拿了一张真的百元钞票给朋友。

你知道，在整个过程中，商店老板一共损失了多少财物吗？

注：商品以出售价格计算。

5.空缺的数

根据下列数字的排列规律，填出空缺位置的数。

1，3，6，10，15，？28，36

6.乒乓球比赛

学校要举行乒乓球比赛，最初报名参加的有25人，后来又有3人报名参加。如果没有平局的出现，总共要举行多少场比赛？

7.巧妙分马

有一个拥有24匹马的商人，给3个儿子留下“传给长子1/2，传给次子1/3，传给幼子1/8”的遗言后就死了。但是，在这一天有1匹马也死掉了。这23匹马用2，3，8都无法除开，总不能把一匹马分成两半吧，这真是个难题。你知道应该怎样解决吗?

8.剧院的座位安排

有个剧院在上演精彩节目，刚好120个座位全坐满了观众，而全部入场费刚好为120元。剧院的入场费收取办法是：男子每人5元，女子是每人2元，小孩子则每人为1角。那么，你可以据此算出男、女、小孩各有多少人吗?

9.神奇的数字4

你能不能只用数字4的组合来表示0到10？可以使用加法、减法、乘法、除法和括号等基本的数学运算符号，而且还可以使用任意多的4，但要尽量找出每个数字最简单的表示方法。

10.卡片游戏

有2，1，6三张卡片，请你变换一下它们的位置，同时卡片的方向也可以改变，使它们变成刚好能被43除尽的一个3位数。

11.泳道有多长

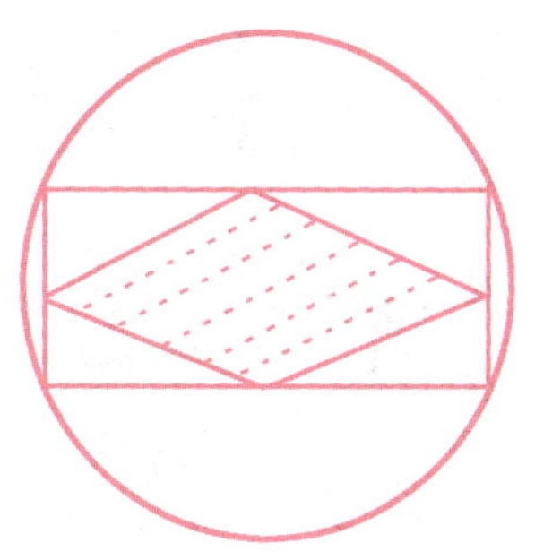

在一个直径100米的圆形场地上，新建了一座长方形的游泳馆，它的长为80米。馆内修了一座菱形的游泳池，菱形的游泳池的各顶点刚好在长方形的游泳馆各边的中点上。你能快速算出游泳池的泳道有多长吗？

12.巧隔水杯

小文想出去玩，妈妈说："我考你一个题目，你能做出来我就同意你出去玩。"然后妈妈在桌子上放了6个杯子，其中三个装满了水，剩下三个则是空杯子。妈妈说："你只能移动一只杯子，将盛水的杯子和空杯子隔开，能做到吗？"小文想了想，就按照妈妈的要求摆好了杯子。你知道他是怎么做的吗？

13. "鬼迷路"

一天晚上，三个探险家为了抄近路，决定从宽4千米的山谷中穿过。他们走了很久，按时间计算应该到达目的地了，但每次总是莫名其妙地回到出发点附近。这就是人们经常说的"鬼迷路"。你知道是怎么回事吗？

14.划分方格

18	6	4	30	47	29
45	30	6	18	17	2
1	21	1	42	23	5
3	28	7	17	1	6
44	4	32	43	30	40

你能将左图的方格分成6个完全相同的部分，并且每一部分中，所有数字之和都有为100吗？

15.好客的花花

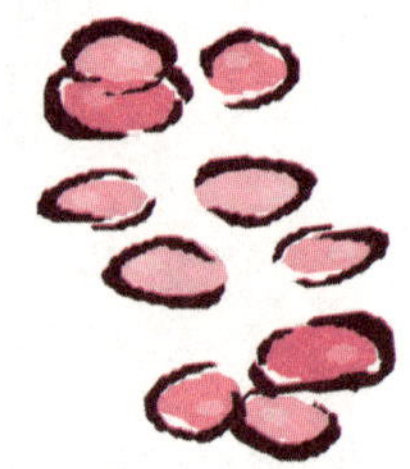

星期天，花花家来了很多客人。花花就把自已藏了很久的棉花糖拿出来给大家分享。如果每人分5颗那还少3颗，如果每人分4颗就还剩3颗。你知道花花家来了多少个客人，自已有多少颗糖吗？

16.和与差

随意说出2个数字来，你能迅速算出它们的和减去它们的差的结果吗？

比如，125和43，310和56。

17.失算的老师

10个同学来到教室，为座位问题争论不休。有的人说，按年龄大小就座；有的人说，按学习好坏就座；还有人要求按个子高矮就座。

老师对他们说：“孩子们，你们最好停止争论，任意就座。”

这10个同学随便坐了下来，老师继续说道：“请记下你们现在就座的次序，明天来上课时，再按新的次序就座；后天再按新的次序就座，反正每次来时都按新的次序，直到每个人把所有的位子都坐过为止。如果你们再坐在现在所安排的位子上，我将给你们放假一年。”

请你算算看，老师隔多少日子才给他们放假一年呢？

18.奇怪的数列

问号处应该填什么数?

1,10,11,100,101,110,?,?

19.“8”的奥秘

将6个8组成若干个数，使其相乘和相加后等于800，你该如何排?

20.数字组合

从左边的数字中随便找出3个数字组成一个号码，但其中任意2个数字不能来自同一行或同一列。判断哪组号码能被3除尽。这样选择的号码无法被3除尽的可能性有多少?

21.设计三角形骨牌

图中是一种游戏用的三角形骨牌，每一个骨牌的三角上都有一个数字，这种骨牌有56张。请你设计一个规模较小的三角形骨牌，其中只用到0，1，2，3这四个数（请观察图中的三角形骨牌）。如果设计这样的三角形骨牌，这种骨牌会有多少个?

22. 吃梨子

5个人用5分钟吃了5个梨子，那100个人吃100个梨子用多少分钟?

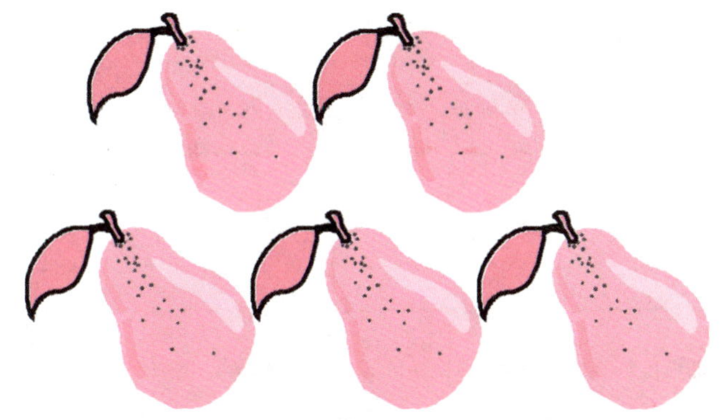

23.鸡生蛋

5只鸡5天一共生5个蛋，50天内需要50个蛋，需要多少只鸡?

24.等于1的趣题

在下列六则算式中添上四则运算符号，使等式成立。

① 1 2 3 = 1

② 1 2 3 4 = 1

③ 1 2 3 4 5 = 1

④ 1 2 3 4 5 6 = 1

⑤ 1 2 3 4 5 6 7 = 1

⑥ 1 2 3 4 5 6 7 8 = 1

25.古董商的交易

有一位古董商收购了两枚古钱币，后来又以每枚60元的价格出售。其中的一枚赚了20%，另一枚赔了20%。请问：和他当初收购这两枚古钱币相比，这位古董商是赚是赔，还是持平？

26.找算错了的数

米琪小姐在一个商店里做收银员。有一天，她在晚上下班前查账的时候，发现现金比账面少153元。她知道实际收的钱是不会错的，只能是记账时有一个数字点错了小数点。那么，她怎么才能在几百笔账中找到这个错数呢？

27.匪夷所思的数

有这样一个数，它乘以5后加6，得出的和再乘以4，后加9，然后再乘以5得出的结果减去165，把结果的最后两位数遮住就回到了最初的数。你知道这个数是多少吗？

$$[(?\times5+6)\times4+9]\times5-165=?$$

28.几个酒徒比酒量

一群酒徒聚在一起要比酒量。先上一瓶，每人平分。这酒真厉害，一瓶喝下来，当场就倒了几个。于是再来一瓶，在余下的人中平分，结果又有人倒下。现在能坚持的人虽已很少，但总要决出个胜负来。于是又来一瓶，还是平分。这下总算有了结果，全倒了。只听见最后倒下的酒徒中有人咕哝道：“嗨，我正好喝了一瓶。”

你知道一共有多少个酒徒在一起比酒量吗？

29.最大的数

7和8组合在一起，能得到最大的数是87。2、0、8三个数组合在一起能得到最大的数是820。那么用下面这五个数字组合在一起，能得到最大的数是多少呢?

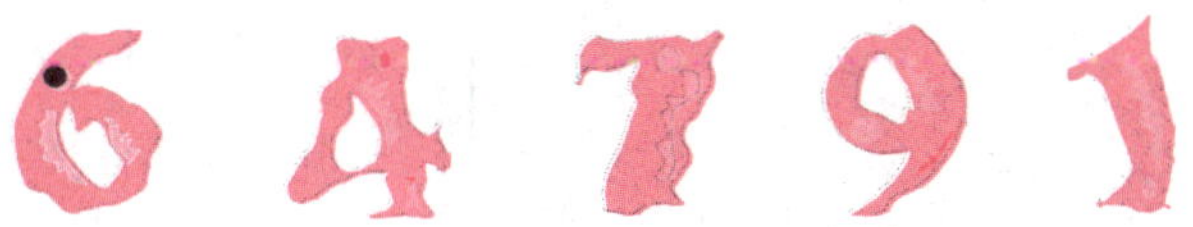

30.数字金字塔游戏

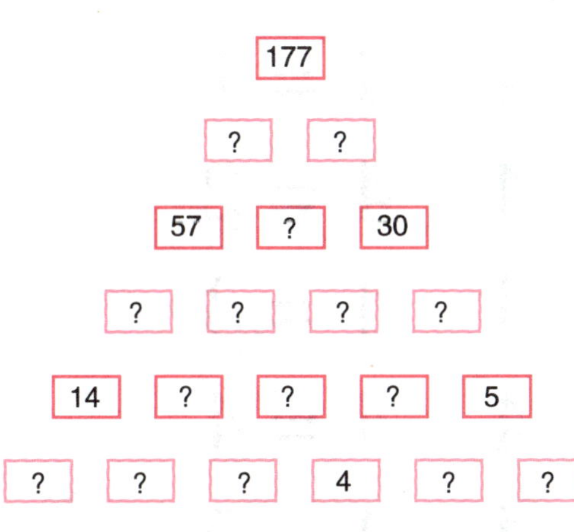

数字金字塔共有6层，最底层6个数字，这6个数字靠近的两个相加得到上一层的5个数字，同样这5个数字靠近的两个相加得到再上一层的4个数字。现在这个金字塔有些数字已经看不到了，你能根据已有的数字推出其他的数字吗?

31.思维算式

老师在黑板上写了1～9的阿拉伯数字，要求用这9个数字组成三个算式，每个数字只能用一次，而且只允许用加号和乘号。你能列出来吗？

32.四个4

用四个“4”列出得数为1，2，3，4，5的5个算式。

4　4　4　4＝1

4　4　4　4＝2

4　4　4　4＝3

4　4　4　4＝4

4　4　4　4＝5

33.山涧

有一个山涧宽4米，下面是万丈深渊。山涧上没有桥，来往的人都是带着木板过桥。一次，大人带着3.9米长的木板要过那边去，小孩带着4.1米长的木板要到这边来。大人的木板太短了，小孩又力气小，搭不了桥。两个人各自站在两边干着急。他们应该用什么方法才能够过山涧呢？

34.猫追老鼠

有一只猫发现离它10步远的前方有一只奔跑着的老鼠，便马上紧追。猫的步子大，它跑5步的路程，老鼠要跑9步。但是老鼠的动作快，猫跑2步的时间，它能跑3步。

请问：按照现在的速度，猫能追上老鼠吗？如果能追上，它需要跑多少步？

35.智者的趣题

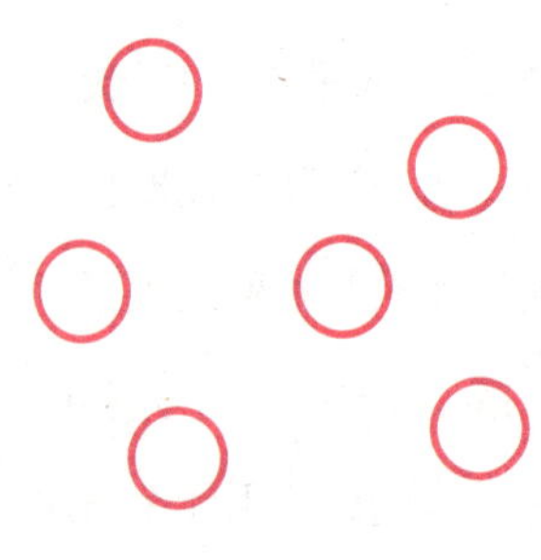

听说智者要招收最后一个学生，很多聪明的人都想成为智者的学生，以便学到更多的知识。他们来到智者的门前，看到了智者画在墙上的6个小圆（如左图）。旁注说：现在要把3个小圆连成一条直线，只能连出两条，如果擦掉一个小圆，把它画在别的地方，就能连出4条直线，且每条直线上也都有3个小圆。谁能第一个画出，我就收谁做我的学生。

36.有趣的字母迷宫

不管怎么样，我想有一句英文你应该懂：I LOVE U（我爱你）。好吧，请你把I LOVE U这6个字母填入右面6×6的格子里，使每一行、每一列以及每一个分隔的小六宫格里都必须包含I LOVE U这6个字母。你说容易吗?

	I		E		
E		O			L
	E	V		O	
	L		U	V	
L			I		V
		E		L	

注：U，即英文的you。

37.狗狗们的话

德拉家和卡卡家共有4条狗，名字分别是多多、依依、咪咪、汪汪，主人们喜欢把它们打扮得漂漂亮亮的。一天，它们说了如下的话，在这些话中，如果说的是关于自己家的话就是真实的，如果说的是关于别人家的话就是假的。

穿棕衣服的狗狗：“穿黄衣服的是多多，穿白衣服的是依依。”

穿黄衣服的狗狗：“穿白衣服的狗狗是咪咪，穿灰衣服的狗狗是汪汪。”

穿白衣服的狗狗：“穿灰色衣服的狗狗是多多。”

穿灰衣服的狗狗：“穿棕衣服的狗狗是多多，穿白衣服的狗狗是卡卡家的狗狗。”

请问：这4条狗狗分别是谁家的？

38.该填哪一个字母

按照图中字母排列的逻辑，问号处该填哪一个字母？

39.三只难以对付的八哥

罗伯特、丽萨、艾米是三只八哥，它们分别来自三个国家。其中来自A国的八哥一直说真话，来自B国的八哥一直说假话，来自C国的八哥特别有意思，它总是先说真话再说假话。

对于这3只难以对付的八哥，饲养员偷偷地录下了他们的对话，请你根据它们的对话分别说出这3只八哥分别来自哪个国家？

罗伯特说："艾米来自C国，我来自A国。"

丽萨说："罗伯特来自B国。"

艾米说："丽萨来自B国。"

40.羚羊和猎豹赛跑

马戏团训练了一只猎豹和一只羚羊来赛跑，100米直线往返跑。猎豹1步跑3米，羚羊1步只能跑2米，但是猎豹跑2步的时候羚羊能跑3步。在这种情况下，赛跑的结果可能是怎样的？

41.姑娘与魔鬼

月亮宫里住着4个姑娘（光光、木木、乔乔、贝贝）。她们之中的一个人变成了魔鬼(假如叫做木木的女子变成了魔鬼，那么如果她说：“我不是木木”的话，要看做实话)。另外，她们之中有一个人经常撒谎(有可能是变成魔鬼的女子)，其他人都不撒谎。但是大家都不知道谁变成了魔鬼。

有一天，她们的对话被吴刚听到。请根据吴刚的记录说说这4个人的名字分别是什么？是谁变成了魔鬼？

头戴黄色头冠的女子说：“我不是贝贝，戴蓝色头冠的人是木木。”

头戴白色头冠的女子说：“我不是贝贝，头戴黑色头冠的人是乔乔。”

头戴蓝色头冠的女子说：“我不是木木。”

头戴黑色头冠的女子说：“头戴黄色头冠的女子是光光。”

42.骰子推理

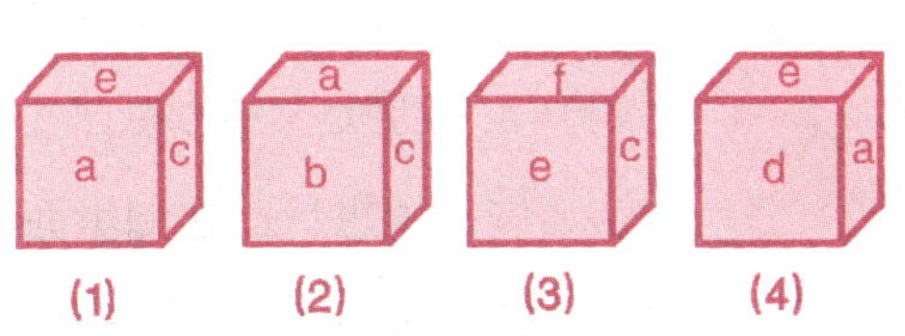

一个立方体的六面，分别写着a、b、c、d、e、f字母，根据左边4张图，推测b的对面是什么字母。

43.谁姓什么

大明、二明、三明、四明的姓各自是“张”、“王”、“李”和“赵”。

①大明的姓是“王”或“李”其中的一个。

②二明的姓是“张”或“王”其中的一个。

③三明的姓是“张”或“李”其中的一个。

④姓“王”的人，是大明或四明其中的一个。

猜猜这4个人的姓名。当然，4个人的姓都不一样。

44.刑警抓歹徒

在一次集中的抓捕行动中，一名刑警紧追一名歹徒，就在刑警要把罪犯抓捕归案的时候，歹徒跑到了一个圆形的大湖边，跳上岸边唯一的一只小船拼命地向对岸划过去。刑警不甘心就这样让歹徒逃走，他骑上一辆自行车沿着湖边向对岸追去。现在知道刑警骑车的速度是歹徒划船速度的2.5倍。请想想：在湖里面的歹徒还有逃脱的可能性吗？

45.游泳冠军

甲、乙、丙、丁4人进行一次游泳比赛，最后分出了高低。但这4个人都是出了名的撒谎者，他们所说的游泳结果是：

甲：我刚好比乙先到达终点。我不是第一名。

乙：我刚好比丙先到达终点。我不是第二名。

丙：我刚好比丁先到达终点。我不是第三名。

丁：我刚好比甲先到达终点。我不是最后一名。

上面这些话中只有两句是真话，取得第一名的那个人至少说了一句真话。

请问：这4人中谁是游泳冠军？

46.休闲城镇

一个著名的休闲城镇里有一家餐厅、一家百货商场和一家蛋糕店。丁丁到达休闲城镇的那一天，蛋糕店正好开门营业。这个休闲城镇一星期中没有一天是餐厅、百货商场和蛋糕店全都开门营业的。百货商场每星期开门营业四天，餐厅每星期开门营业五天，星期日和星期三这三家单位都关门休息。在连续的三天中：

第一天，百货商场关门休息；

第二天，蛋糕店关门休息；

第三天，餐厅关门休息。

再连续的三天中：

第一天，蛋糕店关门休息；

第二天，餐厅关门休息；

第三天，百货商场关门休息。

请问：丁丁到达休闲城镇是一星期七天中的哪一天？

47.农夫的话

一天晚上，市政府大楼被盗，警局接到报案后，火速赶往现场。经过紧张的现场勘查、询问证人等一系列程序后，他们把怀疑的焦点集中在附近的一个农户家里。

警察问农夫："昨天晚上发生的事，你知道吗？"

"知道，就是政府大楼被盗了。可我一直在家，没有出去，不能为你们提供更多的线索。"

"你在家干什么？"警察追问。

"我家养的十几只鸭子在孵蛋，我准备迎接小鸭子的出生。"

你认为农夫的话可信吗？

48.裙子是什么颜色

娜娜最近买了一条新款淑女裙。朋友们急着想一睹风采，可娜娜却在卖关子，给她们一个提示：“我这条裙子的颜色是红、黑、黄三种颜色其中的一种。”

“娜娜一定不会买红色的。”小晓说。

“不是黄的就是黑的。”童童说。

“那一定是黑的。”光子说。

最后，娜娜说：“你们之中至少有一个人是对的，至少有一个人是错的。”

请问：娜娜的裙子到底是什么颜色的呢?

49.玩具世界

多多最喜欢买玩具，她的家简直成了一个玩具世界。

在她的玩具中：扔掉两只玩具之后都是狗；扔掉两只玩具之后都是熊猫；扔掉两只玩具之后都是洋娃娃。

请问：多多都有一些什么玩具?

50.小猫的名字叫什么

下图是6只小猫的照片，它们看起来很相似，但名字是不同的。

①叫做“咪咪”的是在上面一排里的。

②叫做“花花”和“球球”的在同一排里。

③叫做“花花”的(不是D)在“咪咪”的左边。

④“球球”的左边是“B或E”，“黑黑”在中央位置(B或E)。

⑤叫做“忽忽”的在“兰兰”的右侧。

请问：这6只小猫的名字分别叫什么?

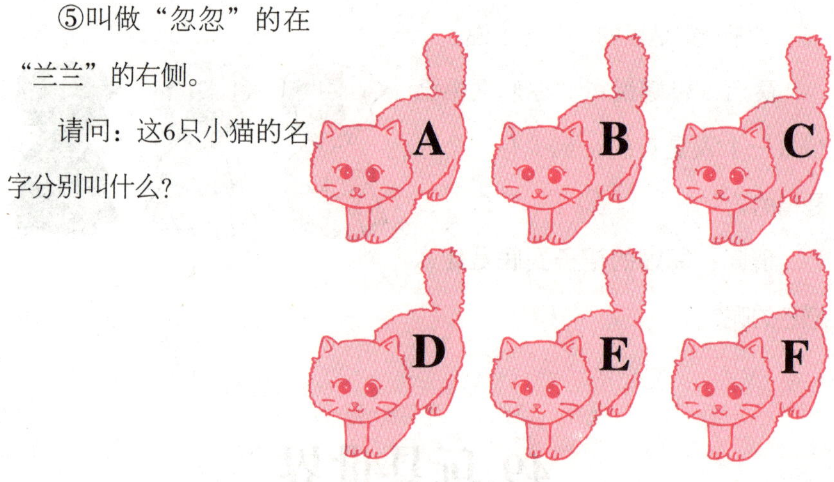

51.教授的课程

张教授、赵教授、彭教授三人每人分别担任生物、物理、英语、体育、历史和数学6科中两门课程的教学工作。现在，我们知道以下信息：

① 物理教师和体育教师是邻居。

② 张教授在三人中年龄最小。

③ 彭教授、生物教师和体育教师三个人经常一起从学校回家。

④ 生物教师比数学教师年龄要大些。

⑤ 假日里，英语教师、数学教师与张教授喜欢打排球。

你知道三位教授各担任哪两门课程的教学工作吗？

52.美丽公主的不幸遭遇

这是一个流传在古希腊的传说。有一个美丽的公主在河边洗澡，当她洗完后发现放在岸边的衣服被人偷了。关于这件事，受害者、旁观者、目击者和救助者各有说法。她们的说法如果是关于被害者的就是假的，如果是关于其他人的就是真的。请你根据她们的说法判定她们谁是受害者？

玛丽说："瑞利不是旁观者。"

瑞利说："劳尔不是目击者。"

露西说："玛丽不是救助者。"

劳尔说："瑞利不是目击者。"

53.餐厅聚会

有7个年轻人，他们是好朋友，每周都要到同一个餐厅吃饭。但是他们去餐厅的次数不同。大力是每天必去，沙沙隔一天去一次，米米每隔两天去一次，玛瑞每隔三天去一次，好好每隔四天才去一次，科特每隔五天才去一次，次数最少的是玛奇，每隔六天才去一次。

昨天是2月29日，他们愉快地在餐厅碰面了，他们有说有笑，憧憬着下一次碰面时的情景。请问：他们下一次相聚餐厅会是在什么时候？

54.你要哪一只钟

有两只钟，一只每天只走准一次，另一只一天只慢一分，你要哪一只？

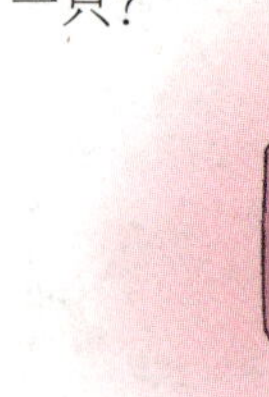

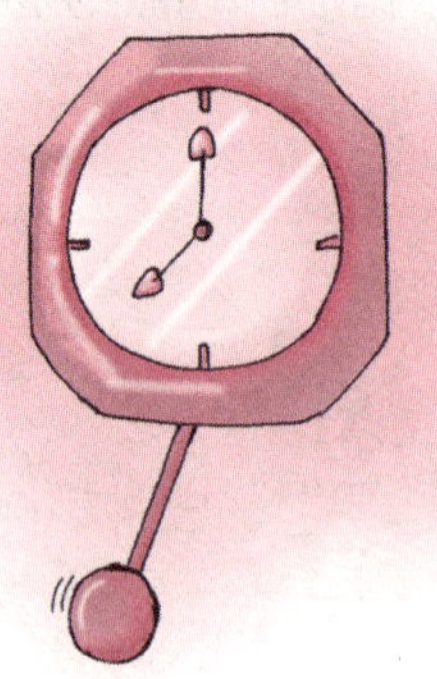

55.纸牌游戏

有9张纸牌，分别为1～9。甲、乙、丙、丁4人取牌，每人取2张。现已知甲取的两张牌之和是10；乙取的两张牌之差是1；丙取的两张牌之积是24；丁取的两张牌之商是3。

请说出他们4人各拿了哪两张纸牌，剩下的一张又是什么牌？

56.野炊分工

兄弟4人去野炊，他们一个在挑水，一个在烧水，一个在洗菜，一个在淘米。现在知道：老大不挑水也不淘米；老二不洗菜也不挑水；如果老大不洗菜，那么老四就不挑水；老三既不挑水也不淘米。

你知道他们各自在做什么吗？

57.篮球比赛

某县的5所中学进行篮球比赛，每所中学互赛一场进行循环赛。比赛的结果如下：

一中：2胜2败。

二中：0胜4败。

三中：1胜3败。

四中：4胜0败。

请问：五中的成绩如何?

58.爱说假话的兔子

有4只兔子，年龄从1~4岁各不相同。它们中有两只说话了，无论谁说话，如果说的是比它大的话都是假话，说的是比它小的话都是真话。兔子甲说：“兔子乙3岁。”兔子丙说：“兔子甲不是1岁。”

你能知道这4只兔子分别是几岁吗?

59.老实的“骗子”

老实先生一家人一点儿都不老实。这天中午吃饭，爷爷先在圆形的餐桌前坐了下来，问其他4个人要怎么坐。没想到他们连这个也要说谎。

妈妈：“我坐女儿旁边。”

爸爸：“我坐儿子旁边。”

女儿：“妈妈是在弟弟的左边。”

儿子：“那我右边是妈妈或姐姐。”

请问：他们一家人到底是怎么坐的？

60.谁击中了杀手

拿破仑身边有A、B、C、D、E、F、G、H8个保镖。一次，有个杀手谋杀拿破仑未遂，正在逃跑的时候，8个保镖都开枪了，杀手被其中一个人的子弹击中了，但不知道是谁击中的，下面是他们的谈话：

A:“可能是H击中的，或者是F击中的。”

B:“如果这颗子弹正好击中杀手的头部，那么是我击中的。”

C:“我可以断定是G击中的。”

D:“即使这颗子弹正好击中杀手的头部，也不可能是B击中的。”

E:“A猜错了。”

F:“不会是我击中的，也不是H击中的。”

G:“不是C击中的。”

H:“A没有猜错。”

事实上，8个保镖中有3个人猜对了。你知道谁击中了杀手吗？假如有5个人猜对，那么又是谁击中了杀手呢？

61.紧急集合

凌晨两点半外面响起一阵响亮的集合哨声，还在睡梦中的201宿舍的4个男学生（李佳、刘方、房华、何林）慌乱地爬起来，结果都穿错了衣服：只有一个人穿对了自己该穿的上衣，还有一个人穿对了自己该穿的下装，但没有人把上装和下装全部穿对了。

根据以下条件，回答4个人分别是谁穿了谁的上装和下装？

① 刘方只穿了一个人的下装，这个人又穿了李佳的上装。

② 房华只穿了一个人的下装，这个人又穿了刘方的上装。

62.魔鬼与天使

魔鬼说出口的都是假话，而人有时说假话，有时说真话，天使则总是说真话。

现在甲说："我不是天使。"乙说："我不是人。"而丙则说："我不是魔鬼。"你能判断出他们的身份吗?

63.骗子村的老实人

刚搬到骗子村的老实人显然还不太习惯骗子村的生活方式。因此，他只有在星期一说谎，其他的日子说的都是真话。

请问：老实人在说今天星期二的时候说的话是真的还是假的呢?

64.坚强的儿子

从前，当古罗马城陷入混乱的时候，有位母亲对想趁着乱世称雄的儿子说："如果你正直的话，就会被大众所背叛；但如果你不正直，就会被神遗弃。反正都没有好下场，你就别强出头了。"

这位坚强的儿子不但不放弃，还利用这番话中的盲点说服了他的母亲。

你知道他是如何反驳的吗？

65.男生和女生

周末，老师带领一些学生去郊外游玩。男生戴的是蓝色的帽子，女生戴的是黄色的帽子。但每个男生都说：蓝色的帽子和黄色的帽子一样多；而每个女生说：蓝色的帽子比黄色的帽子多一倍。

请问：男生和女生各有多少个？

66.门铃逻辑

某户人家的门铃声整天在响，令其苦不堪言。于是，他请一位朋友想办法解围。

这位朋友帮他在大门前设计了一排按钮共六个，其中只有一个是通门铃的。来访者只要摁错了一个按钮，哪怕是和正确的同时摁，整个电铃系统都将立即停止工作。

在大门的按钮旁边，贴有一张告示，上面写着："A在B的左边；B是C右边的第三个；C在D的右边；D紧靠着E；E和A中间隔一个按钮。请摁上面没有提到的那个按钮。"

这6个按钮中，通门铃的按钮处于什么位置？

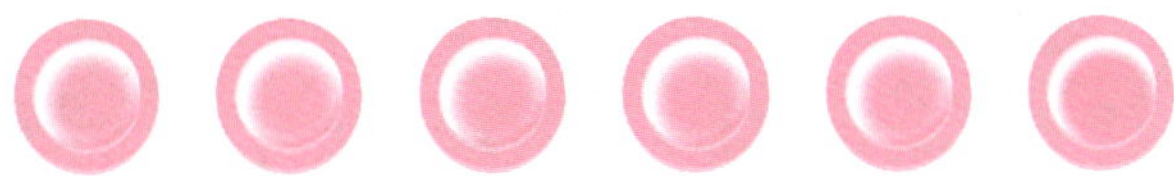

67.谁是班长

甲、乙、丙是同班同学，其中一个是班长，一个是学习委员，一个是小组组长。现在已知道：丙比组长年龄大，学习委员比乙年龄小，甲和学习委员不同岁。

你知道他们3个人分别担任什么职务吗？

68.无价之宝

一位在南美洲淘金的老财主不仅淘到了大量的金子，而且淘到了许多钻石。为了向别人炫耀自己的富有，他决定用自己淘到的钻石镶一个世界上绝无仅有的无价之宝。他决定第一天，从保险柜里取出一颗钻石；第二天，取出6颗钻石，镶在第一天那一颗钻石的周围；第三天，在其（如左图）外围再镶一圈钻石，变成了两圈。每过一天，就多了一圈。这样做7天以后，镶成了一个巨大的钻石圈。请问，这块无价之宝一共有多少颗钻石？

69.谁在撒谎

有5个学生，在接受学校的小记者团采访时说了下面这些话，你来判断他们中有几个人撒了谎。

小艾说：“我上课从来不打瞌睡。”

小美说：“小艾撒谎了。”

小静说：“我考试时从来不舞弊。”

小惠说：“小静在撒谎。”

小叶说：“小静和小惠都在撒谎。”

70.赌徒的谎言

警察在车里发现一伙人赌博，他们是张三、李四、王五、阿七。在审问他们谁是老大时，他们的回答各不相同。

张三说：“老大是王五。”

李四说：“我不是老大。”

王五说：“李四是老大。”

阿七说：“张三是老大。”

经过了解，这一伙人中只有一个人说的是实话，其他三人说的都是假话。

警长问他的部下：“知道谁是老大吗？”

部下指着一个人说：“是他。”

请问：你知道“他”是谁吗？

71.75层高的扑克房子

用15张扑克牌可搭成一座3层高的扑克房子，要搭一座10层高的扑克房子，就要用154张扑克牌。如果搭一座75层高的房子，一共要用多少张扑克牌？

72.成绩表

期末考试后，班主任统计了班上最典型的4个人的成绩。

① 有甲、乙、丙、丁、戊5个等级的评分，江子、雷雷、宇春、夏雨4个人的成绩中没有被评为丁和戊的。

② 有1人3科成绩都是甲。

③ 有1人某科成绩是甲，某科成绩是乙，某科成绩是丙。

④ 有2人两科相同科目的成绩都是甲。

⑤ 语文成绩中没有乙。

⑥ 江子和雷雷的语文成绩相同。

⑦ 宇春的数学成绩和雷雷的英语成绩相同。

⑧ 夏雨成绩中有一科是丙。

⑨ 江子的英语成绩和夏雨的数学成绩相同。

根据上面所述，完成右边的表格。

	语文	数学	英语
宇春	丙		
夏雨			乙
江子		甲	
雷雷		甲	

73.数学讲师的难题

英国剑桥大学数学讲师卡洛尔曾出了下面这道题目来测验他的学生的逻辑思维能力。题目是这样的：

①教室里标有日期的信都是用粉色纸写的。

②丽萨写的信都是以“亲爱的”开头的。

③除了约翰外没有人用黑墨水写信。

④皮特没有收藏他可以看到的信。

⑤只有一页信纸的信中，都标明了日期。

⑥未做标记的信都是用黑墨水写的。

⑦用粉色纸写的信都收藏起来了。

⑧一页以上的信纸的信中，没有一封是做标记的。

⑨约翰没有写一封以“亲爱的”开头的信。

根据以上信息，判断皮特是否可以看到丽萨写的信。

74.互不相通的房间

小明有两个兄弟，他们三兄弟分别住在3个互不相通的房间，每个房间门上都有两把钥匙。

请问：如何安排房间的钥匙才能保证小明三兄弟随时都能进入每个房间？

75.到底中了几枪

一天晚上，住在某旅馆里的一位空姐被人枪杀了。

凶手是从30米外对面的屋顶用无声手枪射中她的。

窗户是关着的，玻璃上有一个弹洞。从这一迹象看，凶手只开了一枪。但奇怪的是，被害者的胸部和腿部都中弹了——大腿被子弹射穿，胸部也留有子弹。这样看来，凶手好像是开了两枪。如果凶手开了两枪，那么另一颗子弹是从哪里射入被害者房间的呢？这颗子弹又在哪里呢？

大家无法回答，于是去请教大胡子探长，他肯定地回答：中了一枪。

大胡子探长为什么这样说呢？

76.谁和谁是亲兄弟

有一个楼里住着4户人家，每家各有两个男孩。这4对亲兄弟中，哥哥分别是甲、乙、丙、丁，弟弟分别是A、B、C、D。一次，有个人问：“你们究竟谁和谁是亲兄弟呀？”乙说：“丙的弟弟是D。”丙说：“丁的弟弟不是C。”甲说：“乙的弟弟不是A。”丁说：“他们3个人中，只有D的哥哥说了实话。”丁的话是可信的，那人想了好半天也没有把他们区分出来。你能区分出来吗？

77.罪犯

有一位银行行长被谋杀了。

警方经过一番努力搜查，将大麻子、小矮子和二流子三个嫌犯带回警局问话，他们的供词如下：

大麻子：“小矮子没有杀人。”

小矮子：“他说的是真的！”

二流子：“大麻子在说谎！”

结果是，三人中有人说谎，不过真正的犯人说的倒是实话。

请问：哪一个是杀人犯？

78.宾馆凶案

某宾馆发现一具尸体，医生对死者进行检查后，说：“从最近的距离向心脏打了一发子弹，因此当场死亡。”

警察立刻展开对此事的调查，传讯了三个有嫌疑的人。三人分别做了如下的证词：

甲：死者不是乙杀的，是自杀的。

乙：他不是自杀的，是甲杀的。

丙：不是我杀的，是乙杀的。

后经查明，每个人的话都只有一半是正确的。

根据以上信息，说出谁是凶手。

79.哪句话意思最相符

只是会说外文，不代表就是外国人。

下面所有选项中的句子哪句话和上面这句话的意思相符？

①因为会说外文就可以称得上是外国人了。

②不会说外文就不算是外国人。

③一个外国人只会说外文是不够的。

④一个外国人一定要会说外文。

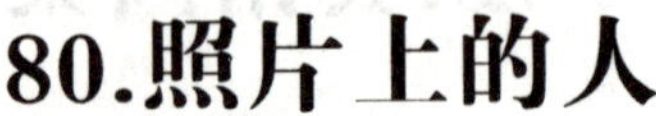

80.照片上的人

有一个人在上班时间看照片。当有人问这个人在看谁的照片时，这个人回答："照片上的人的丈夫的母亲，是我丈夫的父亲的妻子的女儿，而我丈夫的母亲只生了他一个孩子。"

请问：这个人在看谁的照片？

81.不可靠的预测机

人工智能专家发明了一个预测机，任何一个人都可以问它：“一小时之中会不会发生某件事？”如果预测机预知这件事会发生，就亮绿灯，表示“会”；如果亮红灯，就表示“不会”。这个机器一经推出就受到很多人的欢迎，特别是警察局的警员，因为这样可以减轻他们的工作量。但只有局长不高兴，因为他知道预测机根本就不可靠，他的担心用一句话就可以验证。

请问：你知道局长想到了一句什么话吗？

82.巧称水果

苹果、鸭梨、橘子分别装在3个箱子里，其重量都在35斤至40斤之间。用一台至少可称50斤的秤，最多要称几次方能得出苹果、鸭梨、橘子各自的重量？

83.字母排列

C	E	G	I
H	J	L	?

你能看出左图中字母排列的逻辑，从而推出问号处应填哪个字母吗？

84.问什么问题

古代，有A、B两个相邻的国家，A国居民都是诚实的人，B国居民都是骗子。当你问一个问题时，A国居民会告诉你正确的答案，而B国居民给你的答案都是错误的。一天，一个智者独自来到了两国中的某个国家。他分辨不清这个国家是A国还是B国，只知道这个国家的人既有本国的居民又有外来游客。他想问这里的人“这是A国还是B国”，却又无法判断被问者的答案是否正确。智者动脑筋想了一会儿，终于想出一个办法，他只需要问他所遇到的任意一个人一句话，就能从对方的回答中准确无误地断定这里是哪个国家。

你知道智者所问的是什么问题吗？

85.带魔法的饰物

有4个女子，其中1人有魔法，她经常说谎。拉拉和另外两个人是好孩子，她们从不说谎。4个人都系绿色围巾，其中的2条围巾是有魔法的，系上这两条围巾即使是好孩子也会说谎；而且，4个人又都戴着黄色蝴蝶发带，其中的2条发带是有魔法的，它会使魔法围巾的魔法消失。但是，它对有魔法的女子是没有效果的。

蕾蕾说：“思思系着有魔法的围巾。”

思思说：“平平戴着有魔法的蝴蝶发带。”

平平说：“拉拉系着魔法围巾。”

拉拉说：“思思是有魔法的女子。”

请问：哪两个人系着魔法围巾，哪两个人戴着魔法发带呢？另外，哪一个是有魔法的女子呢？

86.等式背后的逻辑

你能否看出下边这些等式背后的逻辑，然后找出一个字母完成最后的等式吗？（可能有两个答案）

D + M = R　　　　（B × W）+E=Y

X − N = C　　　　R × N × A=H+X

（K+R）÷ R=T　　（X ÷ G）+F−K=?

87.谁买了什么

A、B、C、D4个朋友到某商厦购物。他们分别买了一块表、一本书、一双鞋和一架照相机。这四样商品分别在一至四层购买，当然，上述四样商品的排列顺序不一定就是它们所在楼层的排列顺序，也不一定等同于买主被提及的顺序。

如何根据以下线索，确定谁在哪一层购买了哪样商品：

A去了一层；表在四层出售；C在二层购物；B买了一本书；A没有买照相机。

88.玻璃是谁打碎的

有甲、乙、丙、丁4个小朋友在踢足球。其中一个孩子不小心把足球踢到了楼上，打碎了李阿姨家的玻璃。李阿姨非常生气地走下楼来，问是谁干的。甲说是乙干的，乙说是丁干的，丙说他没干，丁说乙在说谎。他们四个当中，有三个说了假话。

你知道是谁打碎了李阿姨家的玻璃吗？

89.期末考试的成绩

在一次期末考试中，婷婷、亮亮、佳佳、小美分别获得了前四名。成绩公布前，她们作了一次自我估计：

婷婷说："我不可能得到第四名。"

亮亮说："我能得到第二名。"

佳佳说："我比婷婷高一个名次。"

小美说："我比佳佳高两个名次。"

成绩公布之后，他们之中只有一个人估计错了。

请问：他们各自得了第几名？

90.哪一句话正确

凯特说："所有的人都是有逻辑的。"

如果她说的这句话是不正确的，那么正确的应该是下面的哪一句话？

①全部的人都没有逻辑。

②有的人没有逻辑。

③有逻辑的便是人。

④有的人有逻辑。

91.环球飞行

某航空公司有一个环球飞行计划，但有下列条件：每架飞机只有一个油箱，飞机之间可以相互加油（没有加油机）；一箱油可供一架飞机绕地球飞半圈。为使至少一架飞机绕地球一圈，至少需要出动几架次飞机（包括绕地球一圈的那架在内）？

注意：所有飞机从同一机场起飞，而且必须安全返回机场，不允许中途降落，中间没有飞机场。加油时间忽略不计。

92.旅行家的迷惑

一个旅行家遇到了三个美女，他不知道哪个是天使，哪个是魔鬼。天使常常说真话，魔鬼只说假话。

甲说："在乙和丙之间，至少有一个是天使。"

乙说："在丙和甲之间，至少有一个是魔鬼。"

丙说："我告诉你正确的消息吧。"

你能判断出有几个天使吗？

93.步行街两旁的商店

步行街两旁并排开了6家店，分别是A、B、C、D、E、F。目前只知道这些情况：

①A店的右边是书店。

②书店的对面是花店。

③花店的隔壁是面包店。

④D店的对面是E店。

⑤E店的隔壁是酒吧。

⑥E店跟书店在道路的同一边。

请问：A店是什么店？

94.罗盘求数

在右边的罗盘里，已给出了一组数字，请寻找其中的规律，并求出问号处所代表的数字。你能求出这个数吗？

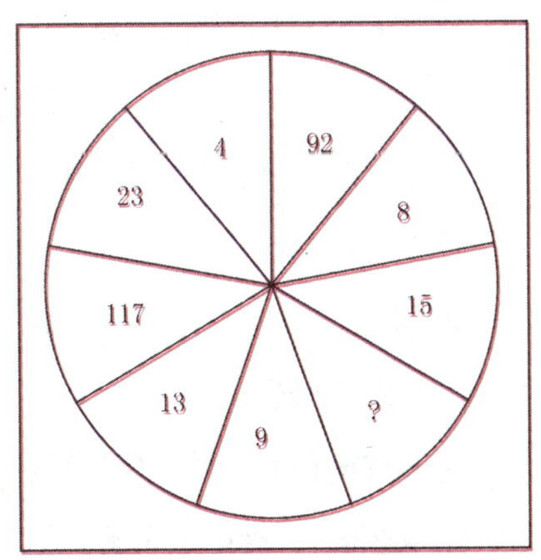

95.水果汉字

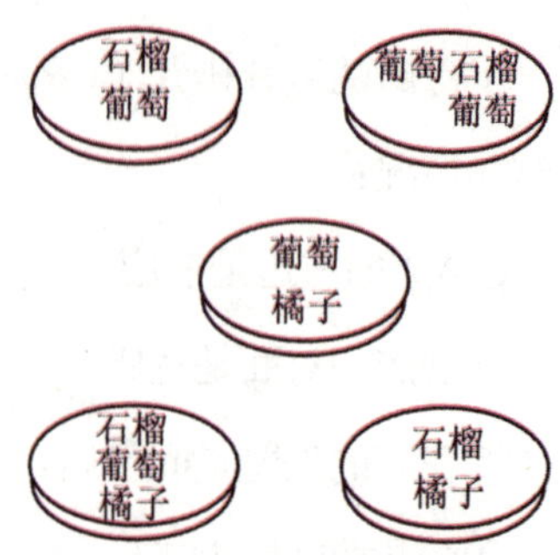

在右边的四个果盘里，放着石榴、橘子、葡萄。这三种水果分别代表汉字“立”、“日”和“十”，请问每个果盘中组成什么汉字？

96.他们点的什么菜

阿德里安、布福德和卡特三人常结伴去餐馆吃饭，他们每个人要的不是火腿就是猪排。我们已知下列情况：

① 如果阿德里安要的是火腿，那么布福德要的就是猪排。

② 阿德里安或卡特要的是火腿，但是两人不会都要火腿。

③ 布福德和卡特两人不会都要猪排。

你知道谁昨天要的是火腿，今天要的是猪排吗？

97.右边的灯

一日，安丽丝旅馆的前厅主管报案：他们的保洁员按例去打扫卫生时，发现602房间的客人怎么敲门都没有反应，外面门把手上也没有挂“请勿打扰”的牌子。于是他们按规矩用主管的房卡打开了门，发现房间里的人已经死了。

死者死于中毒，身份是一个上市公司老板。他死在了房间的书桌旁，桌子的正中间放着一封遗书，被紧紧压在他的脸下。他左手边有一个笔套，右手握着一支钢笔，右手边是一盏台灯，似乎他是在写完遗书后自杀的。可前来调查的警官黎明一眼就看出这是个布置好的现场，死者是被杀害的。

请问：黎明是怎么判断的？

98.经过多少次

请问：从8点整到9点整，手表的秒针经过12点要多少次？

99.皇妃与侍女

一个皇帝有20位皇妃，每位皇妃身边都有一个坏侍女。虽然每一个皇妃都知道其他皇妃的身边有一个侍女是坏人，但由于她们之间关系不融洽，因此她们都不知道自己的侍女是否是坏人。

皇上知道此事后，把20个皇妃召集在一起，告诉她们，在跟随她们的侍女中至少有一个是坏人，并要求她们如果知道了自己的侍女是坏人就必须立刻杀了她；如果知道了又不杀的话，那皇妃自己的脑袋就保不住了。期限为20天。

为此，皇上特意办了一份早报，如果哪位侍女被杀了就会刊登在早报上，可19天都平静地过去了，在第20天的早晨，仍然没有哪一位皇妃杀自己侍女的消息。请问：接下去的情况将会怎么样呢？

100.年龄的秘密

A、B、C三人的年龄一直是一个秘密。将A的年龄数字的位置对调一下，就是B的年龄；C的年龄的两倍是A与B两个年龄的差数；而B的年龄是C的10倍。

请问：A、B、C三人的年龄各是多少？

101.谁是老实人

甲、乙、丙、丁、戊5个人当中，有2个人是从来不说谎的老实人，但是另外3个人是总说谎的骗子。

下面是他们所说的话：

甲：“乙是骗子。”

乙：“丙是骗子。”

丙：“戊是骗子。”

丁：“甲和乙都是骗子。”

戊：“甲和丁都是老实人。”

根据以上的对话，请找出老实人是哪两位？

102.吃西瓜比赛

某电视台要举行吃西瓜比赛，邀请了4对情侣参加。决赛前一共要进行4项比赛，每项比赛每对情侣都要派出一名成员参加。

第一项参赛的人是：吴刚、孙全、赵亮、李利、王林；

第二项参赛的人是：郑成、孙全、吴刚、李利、周文；

第三项参赛的人是：赵亮、张落、吴刚、钱佳、郑成；

第四项参赛的人是：周文、吴刚、孙全、张落、王林。

刘某因故没有参加第四项比赛。

根据以上信息，说说谁和谁是情侣。

103.字母逻辑

依照图中的逻辑，Z应该是白色还是灰色呢？

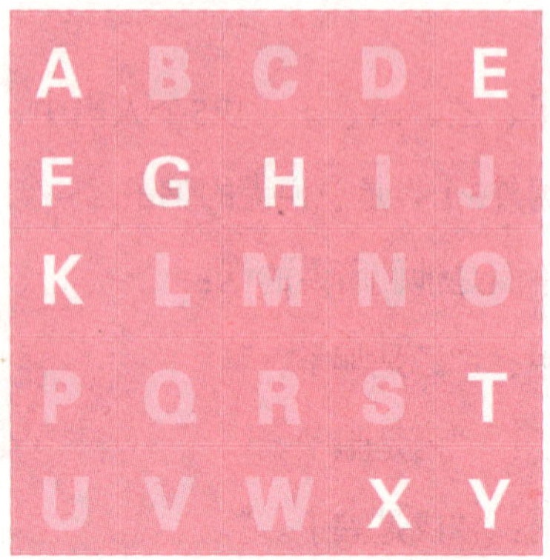

104.单身公寓里的恋爱关系

杰克、亨利、怀特和布朗住在一家企业的单身公寓里面，住在对面公寓里的是丽莎、梅森、梅莉和莎娜四位漂亮的小姐。他们各自喜欢着对面公寓里的某一个人，同时也被对面公寓的某一个人喜欢着，却一直都没有人能够如愿以偿。因为：

杰克喜欢的女孩所喜欢的男孩爱莎娜；

亨利喜欢的女孩所喜欢的男孩爱梅莉；

怀特喜欢的女孩希望跟布朗交往；

丽莎喜欢的男孩喜欢的不是梅森；

梅森和梅莉喜欢的都不是亨利。

那么，到底是谁在喜欢着杰克呢？

杰克　亨利　怀特　布郎

105.银店抢劫案

市区的一家银店遭劫。营业员指控科恩是作案者："银店刚开门，科恩就闯进来了。当时我正背对着门，他用枪抵在我背上，命令我不准转过身来，并叫我把壁橱内的所有银器都递给他。我猜他把银器装进了手提包，他逃出店门时，我看见他提着包。"

警长问："这么说，你一直是背对着他的，他逃出店门时又背对着你，你怎么知道他就是科恩呢？"营业员说："我看见了他的影像。我们的银器总是擦得非常亮，在我递给他一个大水果碗时，我见到他映在碗中的头像。"

在一旁静听着的亨利探长发出了警告："不要再演戏了，快把偷走的银器送回来，或许能减轻对你的惩处。"

探长为什么断定营业员是罪犯？

106.一条漂亮的裙子

小新快过生日了，妈妈给她准备了一个生日礼物——一条漂亮的裙子。为了考验一下小新，妈妈将礼物放在下面两个盒子当中的一个，两个盒子上面分别系有一张纸条。小新一看，就知道礼物在哪个盒子里了，你知道吗？

107.猜不透的问答

朋友也分两种：诚实的和说谎的。

问波波："哈瑞在说谎吗？"波波回答："不，哈瑞没有说谎。"

问哈瑞："杰森在说谎吗？"哈瑞回答："是的，杰森在说谎。"

那么，问杰森"波波在说谎吗"时，杰森会回答什么呢?

108.扑克牌

龙先生正和他生意上的朋友一起玩扑克牌。龙先生手上拿到了13张牌。黑桃、红桃、梅花、方块这四种图案都至少有一张以上，但是，每种图案的张数都不一样。黑桃跟红桃的张数合计一共是6张。黑桃跟方块的张数合计一共是5张。龙先生手中有一种相同花色的扑克牌是2张。

请问：有2张相同花色的牌是什么?

109.太平洋里的鲸鱼

在太平洋里住着5条鲸鱼。一天，它们在海面冲浪后聚到一起聊天。这5条鲸鱼分别居住在不同的深度(800米、900米、1000米、1100米、1200米)。关于居住深度比自己浅的鱼的叙述都是真的，关于居住深度比自己深的鱼的叙述就是假的，而且，只有一条鲸鱼说了真话。它们的对话如下：

甲：“乙住在900米或者1100米的地方。”

乙：“丙住在800米或者1000米的地方。”

丙：“丁住在1100米或者1200米的地方。”

丁：“戊是在1100米或者1200米的地方。”

戊：“甲住在800米或者1000米的地方。”

那么，每条鲸鱼分别住在哪个深度？

110.奇怪的三位数

有一个奇怪的三位数，减去7后正好被7除尽；减去8后正好被8除尽；减去9后正好被9除尽。你猜猜这个三位数是多少？

111.魔球里的钻石

5个魔球里分别装有红、绿、黄、黑、蓝5种颜色的钻石。博士让A、B、C、D、E 5个人猜魔球里钻石的颜色，猜中了就把里面的钻石奖给他。

A说：第二个魔球是蓝色，第三个魔球是黑色。

B说：第二个魔球是绿色，第四个魔球是红色。

C说：第一个魔球是红色，第五个魔球是黄色。

D说：第三个魔球是绿色，第四个魔球是黄色。

E说：第二个魔球是黑色，第五个魔球是蓝色。

答案揭晓后，5个人都猜对了一个，且每人猜对的颜色都不同。

请问：每个魔球里分别装了什么颜色的钻石？

112.神奇的三角形

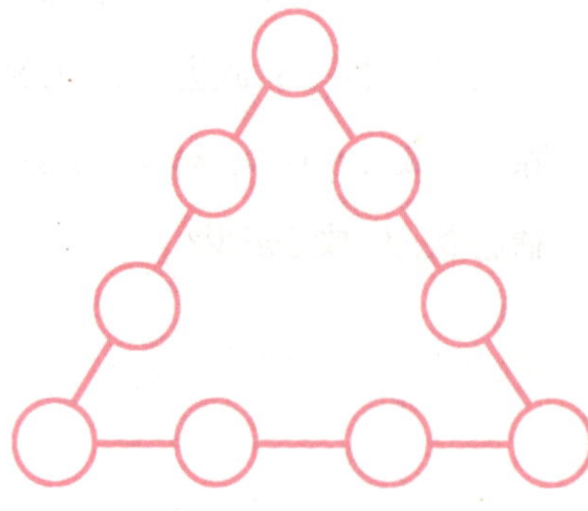

三角形的三边有 9 个圆圈，你能把1 ~ 9 这 9 个数填在圆圈里，使每边的数字和相等，而且每边数字的平方和也相等吗？

113.自杀疑案

亨特侦探刚下班回到家，就有人打电话说自己的房客自杀了，于是他叫上助手急忙赶到案发现场。只见死者全身盖着被子躺在床上，头部中了一枪，用过的手枪滑落在地上。地上有一张纸，上面写着：“我买股票想赚点钱，没想到被套牢了，现在负债累累……就算我不死，也有人恨不得要杀了我。再见了，爸妈，我对不起你们，下辈子我再好好伺候你们……”助手看完现场没发现什么可疑的现象，便说：“看来这人真的是自杀的。”

亨特没有作声，走近床边揭开盖在死者身上的被子，看了看说：“你跟我这么多年了，怎么一点经验都不长？”

助手很是羞愧，可是他还是不明白，亨特是怎么看出死者不是自杀的呢？

114.一题三解

这是一道用火柴棒排成的错误的算式，要使它成立，需移动其中的2根火柴棒。你觉得简单吗？不要骄傲，它可有3种解答方式，而答案都不相同哦。

1+9-8=5

115.神秘岛上的规矩

有一位商人到一个满是美女的神秘岛上想要娶一位妻子。岛上的居民不分男女，可分为：永远说真话的君子；永远撒谎的小人；有时讲真话、有时撒谎的凡夫。商人从甲、乙、丙3人中选一个做妻子。这3个美女中有一个是君子，一个是小人，一个是凡夫，而凡夫是由狐狸变的美女。按照岛上的规定，君子是第一等级，凡夫是第二等级，小人是第三等级。岛上的长老允许商人从3位美女中任选一位，并向她提一个问题，而这个问题只能用“是”或者“不是”来回答。

请问：商人应该问一个什么问题才能保证不会娶到由狐狸变的凡夫呢?

116.乌龟和青蛙的赛跑

乌龟大哥自从和兔子赛跑输了以后，就发誓再也不和兔子比赛了，改和青蛙进行100米比赛。结果，乌龟以3米之差取胜，也就是说，乌龟到达终点时，青蛙才跑了97米。青蛙有点不服气，要求再比赛一次。这一次乌龟从起点线后退3米开始起跑。假设第二次比赛二者的速度保持不变，谁赢了第二次比赛?

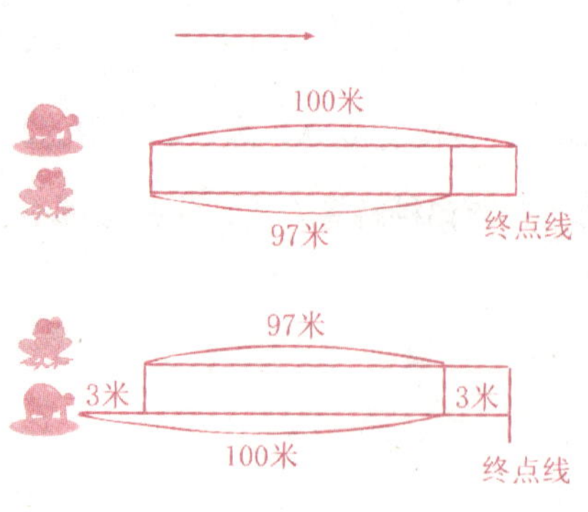

117.谁胜谁负

和你的朋友交替说出1到10中自己喜欢的数，把你和朋友每次说的数相加，最后再求出总和。总和达到或者超过100的就算输。

仔细思考一下，想想你该怎么做才能取胜。

118.电话号码

壮壮所在城市的电话号码数是四位。一次他搬了新家，得到了一个非常不错的电话号码。这个电话号码很好记：新号码正好是原来号码的四倍；原来的号码从后面倒着写正好是新的号码。

现在，你能够推测出他的新电话号码吗？

119. 过河

一条大河上没有桥，37人要过河，但河上只有一条能装载5人的小船。

请问：37人要多少次才能全部过到河对面？

120. 哪一个图案是多余的

哪一个图案是多余的？你知道它为什么多余吗？

第四章

文字类游戏

于常处出新，于新处出奇，于奇处出乐。最普通的文字却可以练就最敏捷的思维。

1.字母谜题

右图里哪一个字母与众不同？

A E I O U

2.变字游戏

请你移动3根火柴棒，使“田”字变成“品”字。

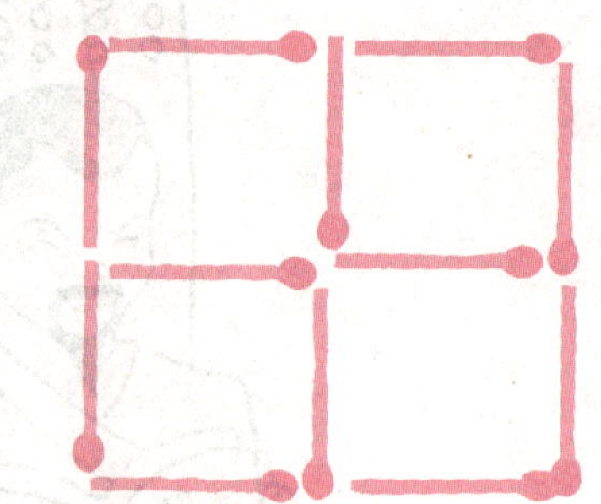

3.“二”的妙用

语文老师上课时出了一道很特别的题目，要求大家将下面16个方格中的每个“二”字加上两笔，使其组成16个不同的字。你也试试吧！

二	二	二	二
二	二	二	二
二	二	二	二
二	二	二	二

4.猜中国城市名称

（1）空中码头—（　　　　）

（2）风平浪静—（　　　　）

（3）快乐夕地—（　　　　）

（4）日近黄昏—（　　　　）

（5）河湖解冻—（　　　　）

（6）千里戈壁—（　　　　）

（7）金银铜铁—（　　　　）

（8）带枪的人—（　　　　）

5.唐诗填字谜

唐诗填字谜是运用灯谜“漏字法”手法，先填好唐诗句中的空格，然后顺着填进的字，运用借巧、烘托、增损等手法，另成谜底。

（1）二十四___明月夜。（戏曲影片名）

（2）旧时王谢堂前___。（影片名一）

（3）转轴拔___三两声。（影片名一）

（4）___能得几回闻。（影片名一）

（5）今___不乐思岳阳。（影片名一）

6.有趣的字谜

下面是一个非常有趣的字谜，你能猜出答案来吗？

去上面是字，　去下面是字。

去中间是字，　去上下是字。

7.找图配词

想知道你的审美水平怎样吗？做下面3道题，测试一下。

（1）下面三幅图中，哪一幅最能体现词语“平衡”的意义？

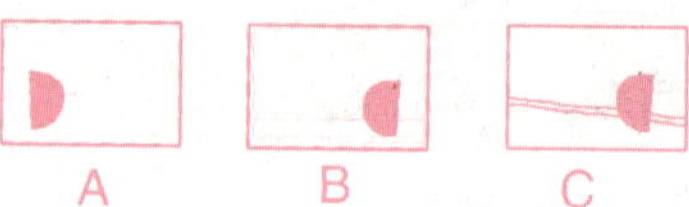

（2）下面三幅图中，哪一幅最能体现词语“和谐”的意义？

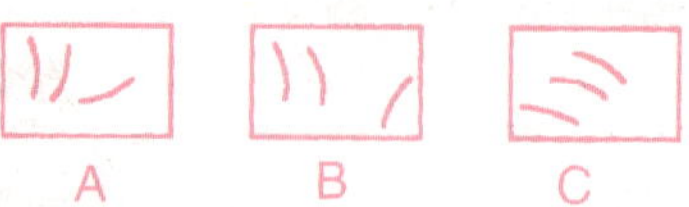

（3）下面三幅图中，哪一幅最能体现词语“优雅”的意义？

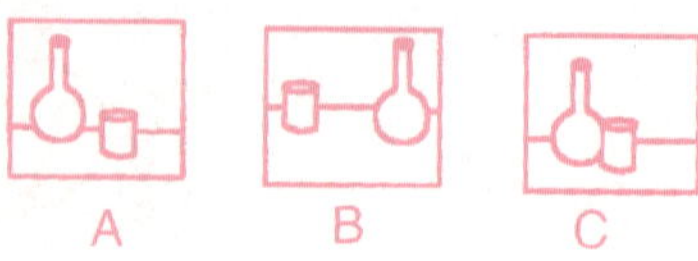

8.谜语大聚会

（1）四四方方一块，乌乌黑黑一片，白龙弯弯一走，脚印人人看见。

（打一文化用品）

（2）二人并肩，不缺一边，立见其可，十字撇添。

（打四字）

（3）孔明设计过长江，苏秦说合六国邦，失掉街亭斩马谡，刘备东吴做新娘。

（打四字）

（4）凸眼睛，阔嘴巴，尾巴还比身子大，一钻钻到草底下，开出一朵火红花。

（打一动物）

（5）黑脸包丞相，独坐中军帐，布下天罗网，单捉飞天将。

（打一动物）

9.天使迷宫

这是一个简单的填字游戏，只要把angel（天使）这5个字母填入这5×5的迷宫中，使每行、每列都要包含angel这5个字母。只要你高兴，你就是天使。

			G	N
	N	L		
N				E
		N	L	
G	A			

参考答案

第一章 变通类游戏

1. 猜性别

罗西是唯一的女性。

假设比尔的父亲是罗西，那么罗西的同胞兄弟必定是哈文，于是哈文的女儿必定是比尔。从而得出比尔是哈文和罗西两人的女儿，而哈文和罗西又是同胞兄弟，这是违背道德伦理关系的，是不允许的。所以，比尔的父亲是哈文，罗西的同胞兄弟就是比尔。罗西是女性。

2. 聪明的蚂蚁

由一只蚂蚁把沙粒拉出凹处，放在通道里；然后另一只蚂蚁进入凹处；再由那只蚂蚁推着沙粒过凹处后暂停；然后另一只蚂蚁爬出凹处，沿通道爬走；最后那只蚂蚁将沙粒推回凹处，自己走开。

3. 自作聪明的商场

百货商城实际是赔了钱。因为如果原价为100%，商城降价是按涨价后的110%降的价，降价后的价格为110%×0.9=99%。

4. 倾斜的天平

因为每个秤盘和金条的重量相同，所以只要把左边的金条移动1块到右边即可。即：（7+1）×3（3个轴心）=24=（4+1+1）×4（4个轴心）。

5. 趣味算式

A 4I−4I+III=III

B I4I−II+II=I4I

C III+4I−II=I4I

6. 女孩的姓名

4个女孩的姓名分别是：燕妮·琼斯、玫利·哈文、培拉·史密斯和米奇·安德鲁。

7. 聪明的囚犯

囚犯说的话是："你一定砍死我。"国王听了左右为难，因为如果真的砍了他的头，那么他说的就成了真话，而说真话的应该被绞死；但是如果要绞死他的话，他说的话又成了假话，而说假话的应该被砍头。

8. 漂亮的天鹅

9. 巧换轮胎

如果给8个轮胎分别编为1～8号，每5千里换一次轮胎，配用的轮胎可以用下面的组合：123（第一次可行驶1万里），124，134，234，456，567，568，578，678。

10. 什么关系

尼萨是在前面那家店打工的男孩的妈妈。不过，看起来尼萨和她儿子的感情不是太好。

11. 礼物

打开任意一个盒子都可以。

12. 瑞芳的办法

取出第三个金环，形成1个、2个、4个三组。第一周：领1个；第二周：领2个，还回1个；第三周：再领1个；第四周：领4个，还回1个和2个；第五周：再领1个；第六周：领2个，还回1个；第七周：领1个。

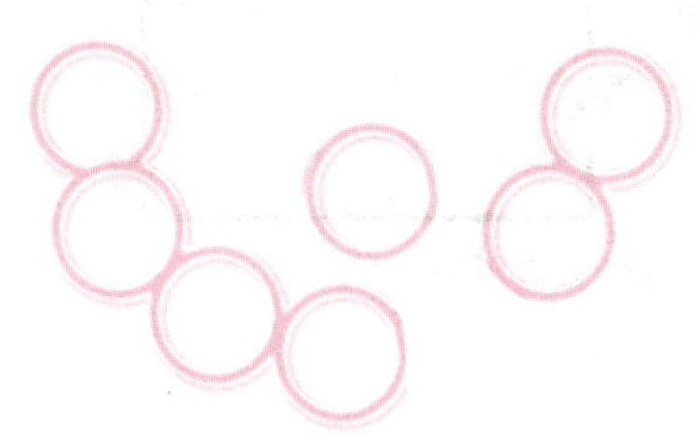

13. 真假母亲

包青天郑重其事地下令将孩子劈成两半，一人一半，来平息纠纷。其中一位母亲说同意，另一位母亲却为孩子求情，不忍孩子被劈成两半，愿意把孩子判给对方。包青天据此断定保全孩子性命的母亲就是孩子的亲生母亲。

14. 互换位置

至少需要15步。

15. 需要多少步

至少需要20步。

16. 逆时针旋转

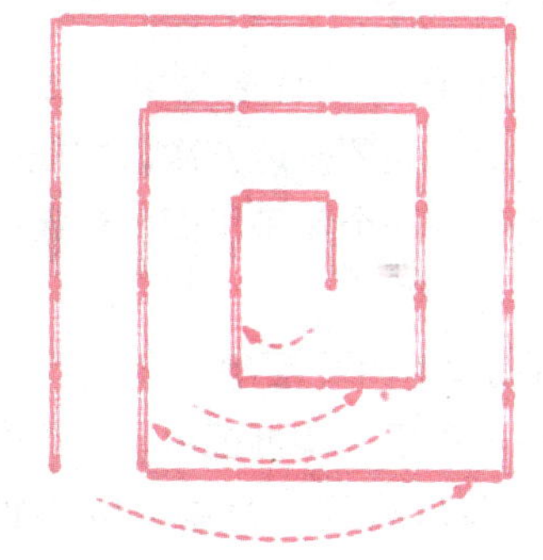

17. 朝上的概率

毫无疑问是1/2。无论谁来抛，也无论抛多少次，这个概率都是不会变的。千万不要让惯性思维把你带入陷阱。

18. 多装两瓶水

能。如下图原来的瓶子是按照四边形的排法来放瓶子的，其实所有的圆柱体物品如果按照六角形排法，都可以节省空间。所以用六角

形排法，原来的箱子完全可以放50个瓶子。

19. 图形的秘密

这是不可能的，如果你不信就自己动手试一试。

20. 小花猫搬鱼

把盘子分别编号为甲、乙、丙、丁。一共要搬运五次，才能把鱼都集中到一个盘子里面。步骤如下：

①先取出甲、乙盘中的各一条鱼放在丙盘里。②再把甲、丙盘中的各一条鱼放到乙盘中。③再把甲、丙盘中的各一条鱼放到丁盘中。④把乙、丁盘中的各一条鱼放到甲盘中。⑤最后，把乙、丁盘中各剩下的一条鱼都放到甲盘中。

21. 井里的喜鹊

不能。因为鸟的飞行原理与一般飞机相同，必须有足够长的起跑空间。它学不了直升机，所以只能"坐井观天"了。

22. 九枚硬币

由于是九枚硬币，先抽硬币者会赢。

23. 神奇的本事

别去想他有什么神奇的本事了，他只是做了一件连你也能做到的事，即从坐椅上跳到机舱里，当然不用担心安全问题了。

24. 怎样进入城堡

詹姆斯趁守门人出来巡视的间隙，快步走进城门，当守门人出来巡视时，又转身向回走。守门人误认为他想溜出城堡去，于是就把他赶进了城堡。

25. 聪明的司机

司机将货柜车的车胎放气，货柜车的高度因而下降，当下降到某一程度时，货柜车便可顺利通过!

26. 连在一起

这4颗星星连在正方形的三条边上。如下图所示：

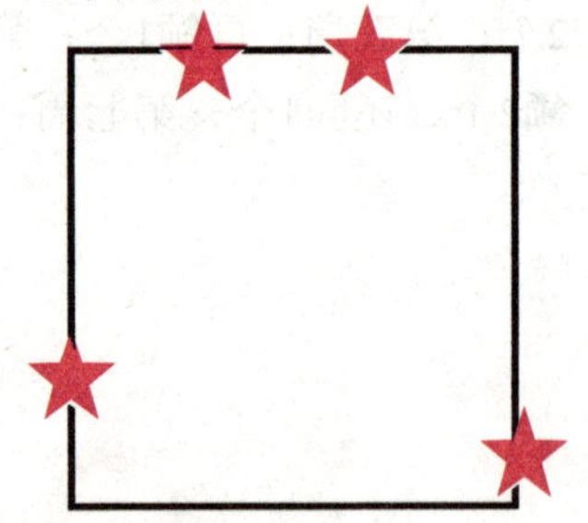

27. 淘气鬼的烂摊子

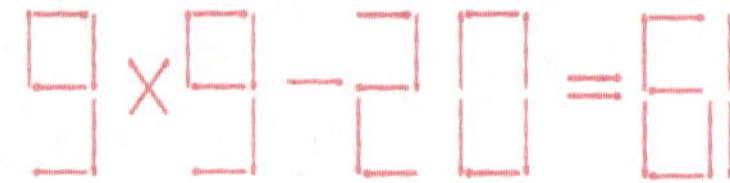

28. 必胜的诀窍

跟贾老大一样押500个金币在"三的倍数"。只要跟贾老大用同样的方法下注即可。如果贾老大赢了，蒋老大也会得到同样的报酬，他们的名次就不会受影响，就算贾老大输了，名次还是不会受影响。事实上蒋老大只要押400个以上的金币，如果赢，金币数就会在1500个以上，仍是第一名。所以，在这种场合，手里有较多金币的人便是赢家。

29. 硬币变多了

有5个硬币漏掉后被丽莎捡起来放到口袋里又漏掉了。

30. 糊涂的囚犯

不可能。糊涂的囚犯会被处死。因为执行绞刑的日期可以放在规定日期内的任何一天。如果糊涂的囚犯提出“今天不能执行绞刑，因为我已经知道了今天要被处以绞刑，按照法官的命令，今天就不能执行绞刑了”的要求时，行刑者可以这样回答：“要是这样的话，说明你还没有想到今天要执行绞刑，按照规定，你没有想到今天被处死，所以今天能够对你执行绞刑。”

31. 排列硬币

这5种币值的价值顺序由小到大的排列为：C、D、E、B、A。

32. 能看到什么

也许你会想，你能看到无数个自己，其实你什么也看不见。因为没有光线能射进房间里面，到处一团漆黑，即使你有火眼金睛也不行。

33. 想想办法

火柴从高处落地后会滚动，是因为火柴的形状细长，稍有侧力就会滚动。其实，只需要改变火柴细长的形状就行了。比如把火柴从中间折弯，落地后就不滚动了。

34. 越开越慢

小汽车已经沿湖跑了一圈，又快追上慢腾腾的小货车了，所以掉在了小货车的后面。

35. 装的是什么

甲瓶子：可乐。

乙瓶子：白酒。

丙瓶子：果汁。

丁瓶子：啤酒。

36. 点和线

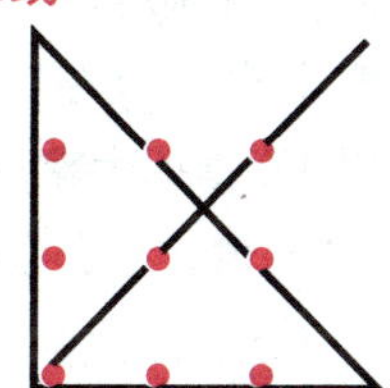

37. 分蘑菇

老猴子先让兔子A将蘑菇平均切成两份，然后由兔子B先在两份中挑选一份，剩下的那份就留给兔子A。因为蘑菇是由兔子A分的，这两份在他的眼中当然都是一模一样的。两份蘑菇在兔子B眼中肯定是大小不一样的，所以他挑走了那份他认为比较大的。

38. 在哪里

北极或者南极。

39. 不买票的乘客

唉，这年头，家家都买了小汽车，公共汽车的生意差多了！车上只有一位乘客，那就是皮皮，他买了票，司机和售票员当然不会向他们自己索要车票。

40. 比赛

两兄弟交换了彼此的摩托车。

41. 墓碑上的难题

三个人。

42. 聪明的园丁

这道题考的是一个创新思维，关键是看你会不会颠倒思考问题，一味地想要把巨石搬到小岩石上。为什么不把小岩石放在巨石下方呢？新来的园丁指挥大家用铲子挖开巨石下方的土壤，把那些150千克左右的小岩石放进去就可以了。

43. 指针重合

一般说时针和分针重合，是指示位置的重合。但题目中指的是“完全一点不差地重合”，时针和分针能达到这个要求吗？所以，不论走多少圈，一次也不会完全重合。

44. 探险家的问题

“如果我问你‘今天没有猛兽出没，是吗？’你会回答我‘是’，对不对？”

45. 要切多少刀

切六刀。

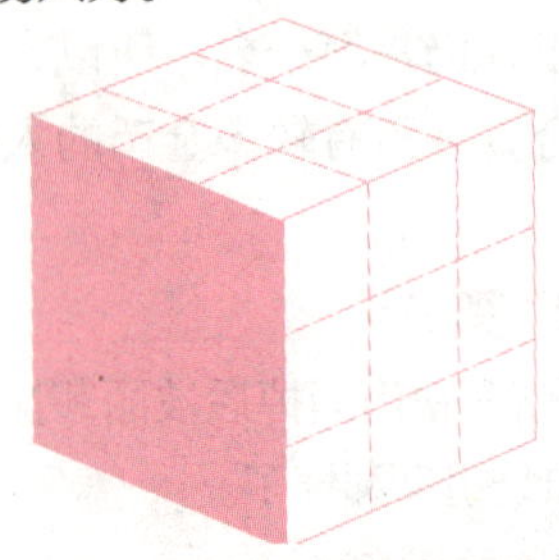

46. 皮皮的魔法

没什么本事，只需要将球垂直向上扔再接住即可，想必你也一定能做到。

47. 猜硬币

这5枚一定是5分的。

48. 组成三角形

永远不能。是不是感觉上当了？

49. 神奇的墨水

50. 谁流汗多

狗的皮肤汗腺不发达，所以即使是在大热天或运动之后，也不会出汗。狗经常伸出舌头喘气，让体温经喉部和舌面与空气接触降低，这是狗散发体内热量的一种方式。

51. 谁看了足球赛

B看了足球赛。

52. 比赛结果

这样的结果是可能发生的：

第一次排名：甲、乙、丙、丁。

第二次排名：乙、丙、丁、甲。

第三次排名：丙、丁、甲、乙。

第四次排名：丁、甲、乙、丙。

53. 神秘的预测

那件事情就是：“你将在方框里写上‘否’”。

54. 一笔变偶数

SIX。

55. 相遇问题

见到21辆运送物资的军车。因为他没出发时已经有车在路上了，他刚出门，10天前出发的军车正好到达，加上路上的10天共有20辆军车与他相遇，而当他到达后勤部时，又有一辆军车要出发了。

56. 瞎子买东西

直接说出来要买剪刀。你是不是想说用手做剪子状比画呢？错了，因为瞎子会说话，不需要用手比画。

57. 拿硬币比赛

这是一个后发制胜的游戏。谁先开局谁必输。如果你的对手稍微聪明一点，就不会在你先取1枚后，他取4枚，最后出现他输的局面。

58. 古希腊谜题

答案是人。早晨，象征人刚出生的时候，是靠腿和手爬行走路的，所以早上起来的时候四条腿；中午象征是人到了中年，是两条腿直立行走的，所以中午两条腿；晚上三条腿就是指人衰老的时候要借助拐杖走路，那么这个拐杖就形成了人的第三条腿，所以晚上三条腿。

59. 这是什么星球

地球。在地球上你随便往天上扔一个小石头，它都会回来的。

60. 小丁的罚单

有可能。比如，小丁的车先慢下来，然后猛踩油门加速追赶。

61. 小熊猫的任务

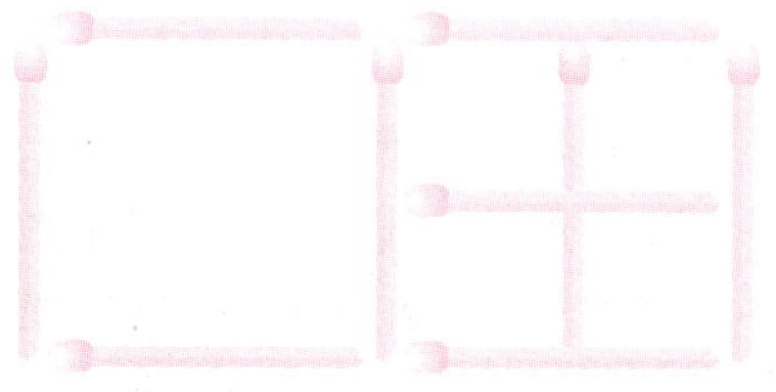

62. 行程安排

星期五。

63. 会发生什么事

世界上又多了一个人。

64. 猜机器人

左边的机器人是犹豫不决的机

器人，中间的机器人是骗子机器人，右边的机器人是诚实机器人。

第二章 推理类游戏

1. 飞船里的乘客

假设阿波罗撒谎，从泰勒和比尔的发言来看，比尔和阿波罗是同一星球的，进一步从莱布的发言来看，比尔和泰勒是不同星球的，结果阿波罗的发言反而不是谎言，与前面的假设相矛盾。所以，阿波罗的发言是真实的。假设撒谎的是泰勒或是比尔或是莱布都是一样，他们的发言都是真实的。所以，泰勒撒了谎，从而可知比尔和莱布都是水星人。因此可推断，泰勒、费卢是火星人，阿波罗、比尔、莱布是水星人。

2. 火中逃生

降下孩子、降下小狗，升上孩子、降下威尼，升上小狗、降下孩子、降下小狗，升上孩子、降下孩子、降下妻子，升上其他人及狗、降下孩子、降下小狗，升上孩子、降下孩子、降下威尼，升上小狗、降下小狗，升上孩子、降下孩子。

3. 扑克谜题

有胜算。假设朝上的是√，朝下的是√或×的机会并不是一半一半。朝下的是√的机会有两个：一个是第一张卡片的正面朝上时；另一个是第一张卡片的反面朝上时。但朝下的是×的机会，只有当第二张卡片正面朝上的时候。也就是说，只要回答朝上那面的图案，他就有2/3的机会能赢。

4. 猜测性别

甲、乙、戊、庚为男性；丁、丙、己为女性。

5. 找出智者

智者是乙。

6. 足球比赛

C第一，D第二，B第三，A第四。

7. 连环问

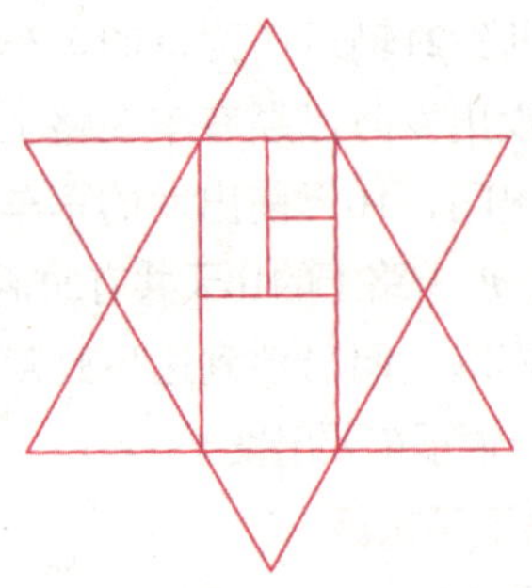

三角形有14个，长方形有7个，六边形有2个。

8. 星期几

25号。

9. 过河问题

先把狗带到对岸，然后返回，

把一只小羊带过去，顺便把狗带回原岸，把另一只小羊带到对岸。然后再返回，把狗带过去。

10. 母亲节的礼物

张妈妈的花由5朵黄色、1朵白色、1朵红色、1朵粉色组成。

王妈妈的花由2朵黄色、3朵白色、2朵红色、1朵粉色组成。

李妈妈的花由1朵黄色、3朵白色、1朵粉色组成、3朵红色。

赵妈妈的花由1朵黄色、2朵白色、1朵红色、4朵粉色组成。

董妈妈的花由1朵黄色、1朵白色、3朵红色、3朵粉色组成。

11. 下一个星期五

如果4月13号是星期五，那么下一个13号且是星期五的那天应是7月13号，相距91天。

12. 帽子的颜色

不是同种颜色。如果大毛和二毛戴同种颜色的帽子，那么三毛将会知道自己带什么颜色的帽子。

13. 谁获得了体操全能冠军

老大。老三没有参加体操比赛，因此第一个被排除；老大没有参加马拉松比赛，老三不是马拉松冠军，由此可推断出老二是马拉松的冠军；因此老大是体操全能冠军。

14. 聪明的刘墉

刘墉说："臣正要跳的时候，忽然看到了屈原大夫。他问臣为什么要跳湖，臣说臣是奉命跳湖的。屈原就说了，当时我跳湖是因为皇帝无道，我才愤而跳湖；如今皇帝乃有道明君，你怎么可以跳湖死呢？岂不是让天下说皇帝昏庸无道吗？于是臣不敢死，回来请问皇上，是让臣跳呢，还是不让臣跳呢？"

15. 双胞胎

丁丁没有撒谎。姐姐是在2001年1月1日出生在一艘由西向东将过日界线的客轮上，而妹妹则是在客轮过了日界线后才出生的。那时的时间还是处在2000年12月31日。所以，按年月日计算，妹妹似乎要比姐姐早一年出生。

16. 谁是正常人

可以问："你的神志不清吗？"回答"不是"的，即为正常人。

17. 先后顺序

他们到达约会地点的先后顺序是：D、E、C、A、B。

依据题目给出的条件，很快就可以分析出A、B、C、E都不是第一个，只有D是第一个到达的。由"E在D之后"，可以知道两人的顺序是：D、E。由"B紧跟在A后面"得知两个人的顺序是：A、B。由“C不是最后一个到达约会地点”，可以得知这样的顺序：C、A、B。

所以，总的先后顺序是：D、E、C、A、B。

18. 密室谋杀

那瓶药是治疗死者恐高症的药物。有人趁死者睡觉的时候把死者的床吊起来，然后突然惊醒床上的人，让其在突然的惊吓中发现自己在高处，因此吓死了。然后凶手伪装现场后离开，给人造成被害人自杀的假象。

19. 玩牌

刚开始甲有260元，乙有80元，丙有140元。

20. 往返多少次

根据新娘在没有丈夫的陪伴时不许和别的男子在一起的规定，至少需要往返11次。

21. 谁是真凶

议员是真正的凶手。他进诊所时，陌生人已经换上了干净的衣服，并且吊着手臂，他不应知道陌生人是背部中弹。

22. 采了多少花

小女儿最诚实，大女儿和二女儿都说了谎。小女儿采了3束，二女儿采了1束，大女儿最懒，一束都没有采。

23. 奇怪的杀人犯

凶手和这个人是孪生兄弟。

24. 玛丽的朋友

C。此题需要按顺序来思考，首先假设答案为G、C或L，再依“只有4个人说实话”的条件，剔除不合适的人选。

25. 戴墨镜的杀手

如果有人戴着墨镜从寒冷的室外进入热气腾腾的室内，镜片上会蒙上一层雾气，根本无法看清屋里的人。

26. 今天星期几

七个人的观点如下：小红：星期一；小华：星期三；小江：星期二；小波：星期四、五或周日；小明：星期五；小芳：星期三；小美：星期一、二、三、四、五或六。

综上所述除了星期日外，都不止一个人说到。因此，今天是星期日，他们都可以睡一会儿懒觉，小波所说正确。

27. 谁是常胜将军

根据②常胜将军与表现最差的人年龄相同；根据①常胜将军的双胞胎与表现最差的人性别不同，因此四个人中有三个人的年龄相同。由于张老师的年龄肯定比他的儿子和女儿大，从而年龄相同的必定是他的儿子、女儿和妹妹。这样，张老师的儿子和女儿必定是①中所指的双胞胎。据题意，张老师的女儿是常胜将军，而张老师的妹妹是表现最差的选手。

28. 警长的推测

刑警看到蜡烛后产生了怀疑，再加上停电，蜡烛一直没有熄灭。假如亚美是在自己屋里被杀，过了24个小时，蜡烛早就燃尽了，一定是有人夜里把尸体弄来，走时忘了灭蜡烛。

29. 游戏的技巧

后摘者只要保证花瓣剩下数量相等的两组（两组之间）被摘除花瓣的空缺隔开，就一定能赢得这个游戏。

比如，先摘者摘一片花瓣，则后摘者摘取另一边的两片花瓣，留下各有5片的两组花瓣。如果先摘者摘取两片花瓣，则后摘者摘取1片花瓣，同样形成那种格局。之后，前者摘除几片，后者就在另一组中摘除同样多的花瓣。通过这种办法，到最后那一步，她肯定能赢得最终胜利。

30. 猜扑克牌

所有纸牌的情况如右：

K
JAQ
JKJ
K

31. 一元钱不见了

原来一只鸡蛋可卖到1/3元，1只鸭蛋可以卖到1/2元，平均价格是每只(1/2+1/3)÷2=5/12元。但是混卖之后平均1只鸭蛋和1只鸡蛋卖到2/5元钱，比第一天的平均价格少了5/12−2/5=1/60元。60只蛋正好一元钱不见了。

32. 小雪的难题

当然不是。小雪从袋子里拿出一个乒乓球之后，立刻藏在身后。明明肯定要求小雪把它亮出来，而此时小雪就说："我亮不亮出来没有关系，只要看看袋子里面留下的是什么颜色的乒乓球，就知道我拿的是什么颜色的乒乓球了。"明明当然会无话可说。

33. 杰克的国籍

杰克不是英国人。

34. 谁是富翁

老大、老四和老五有钱，说假话；老二和老三没钱，说真话。

35. 谁说真话

说真话的(二哥和小弟弟)不可能说"我是长兄"，所以，劳茵的话是假的，那么可知，劳茵不是长兄，而是三哥。那么，劳莎就不是三哥了，劳特的话就是真的，劳特就是二哥或者小弟。

假设劳拉说的是真话，劳特和劳拉就是二哥和小弟(顺序暂时未知)，劳莎就是长兄了，则劳拉又在撒谎,这是相互矛盾的。所以，劳拉是长兄。

从劳拉的话中可知（假话），劳莎是二哥，劳特是小弟。

36. 谁是幸运者

根据已知条件得知，D和E中必定有一位与A和C属于相同的年龄档，而A和C都小于30岁。按照校长的要求，他是不会选择A和C的。另外，从条件中得知，C和D当中必定有一位与B和E的职业相同。因此，B和E是秘书。所以校长必定会选择D女士做学校的舞蹈教师。

37. 谁才是凶手

凶手是张经理。他将办公室的灯一直亮着，这样保安就不知不觉地为他做了伪证；他先打了长途电话但是不挂机，杀了李经理后回来再挂机，然后装出工作到很晚的样子离开。

38. 属于哪一个家庭

拉拉属于乙家庭。

甲家庭的年龄组合为：8，10，11，12；乙家庭的年龄组合为：5，13，2，3；丙家庭的年龄组合为：1，4，7，9。

39. 前后顺序

他们的顺序依次是：戊、丙、己、丁、甲、乙。

40. 一桩谋杀案

凶手是管家。罗莎有心脏病，这天她在服侍主人吃药时把药片掉了包，接着她就挎着篮子到菜场买菜。她在菜场晃了一下马上回来，因为她知道今天主人的一位朋友要来，她守到主人的朋友进门，算准时机闯进去。此时她主人已在不知不觉中心脏病发作身亡了，这样就可以栽赃给主人的朋友。

41. 电影主角

埃兹拉是电影主角。

42. 有多少个桃子

小猴子原来有94个桃。

43. 鸵鸟蛋

甲21岁、乙19岁、丙18岁、丁20岁；甲在D岛发现1个蛋，乙在A岛发现2个蛋，丙在C岛发现2个蛋，丁在B岛发现3个蛋。

根据条件⑥得知，丁发现了3个。18岁的男孩是丙，21岁的男孩发现1个或者2个鸵鸟蛋(③)，19岁的男孩也发现1个或者2个鸵鸟蛋，所以丁是20岁。因为21岁的男孩不是去了A岛(②)，所以，21岁的是甲。由此可推断，19岁的是乙。假设甲有2个鸵鸟蛋的话，那么乙就有3个，这与④相互矛盾。所以，甲发现了1个，乙发现了2个。因此可知，去C岛的人发现了2个，去C岛的是丙。

根据条件⑥可知，甲去了D岛，剩下的丁去了B岛。

44. 谁在谁的左边

不一定。

如果照下图所示，她们围成一圈的话，沙沙就会在林林的右边。

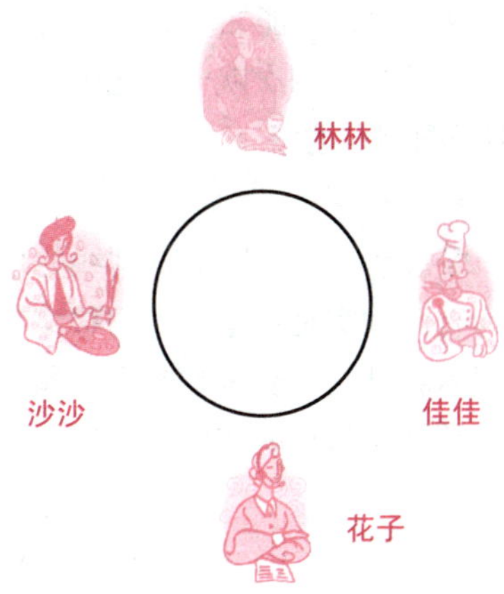

45. 不同的态度

这个问题的答案有好多种。

例如在晚上11点57分左右，第一个朋友问他："今天足球赛的结果如何？"然后过了12点进入新的一天后，另一个朋友打来电话问同样的问题。

46. 动物的数量

猴子：9只。

熊猫：13只。

狮子：7只。

47. 新郎之死

新娘一直有恐惧梦游症，病发时会拿东西在床上敲床，敲完把东西放回去继续睡。由于结婚非常劳累，新娘当夜病发，走进厨房拿菜刀砍死了新郎，把菜刀放回去后又回来继续睡。

48. 昆虫聚会

五次。

49. 汽车是谁的

①丽萨。②玛丽。③凯特。

④丽萨。⑤玛丽。

50. 六边形的桌子

是E。如下图：

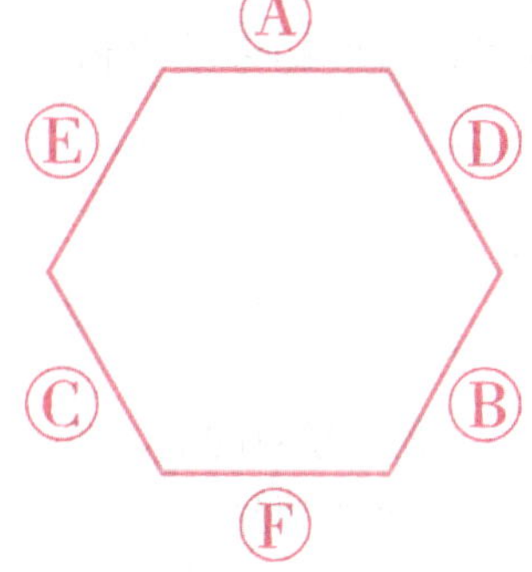

51. 奇怪的城镇

他应该选择星期五出门。

52. 谁是贫困生

Lily并非家境富裕，她是贫困生。

53. 盗窃案的真相

E是小偷，而且他说了真话。

54. 同学会上的毒杀案

经过推断，他们4人正确的坐法如下，且说谎的是丙，他是凶手。

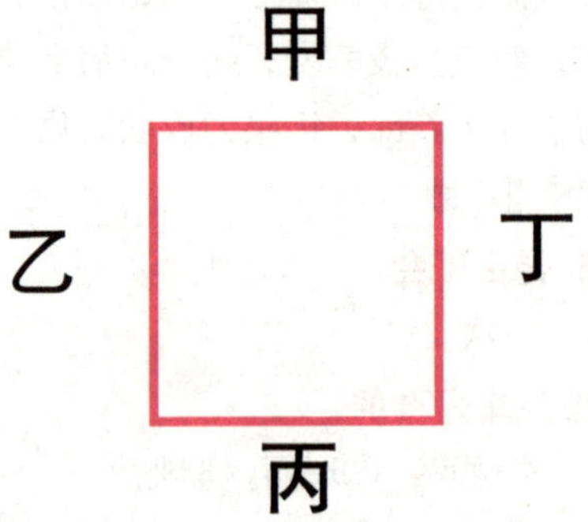

55. 问号处该填什么数

47。根据规律可以知道，后面的数字是前面两个数字之和。

1,3,4,7,11,18,29,47

56. 压岁钱

如果哥哥猜对的话，那么妹妹就对；如果姐姐猜对的话，那么妹妹也对；如果妹妹猜对的话，那么哥哥也对。因此，无论你怎么假设，最后只有一个人猜对，这个人就是弟弟，即洋洋的压岁钱少于100元。

57. 谁在撒谎

雷米撒了谎。因为第113页和第114页是一页。

58. 一封来自国外的信

他没有吹牛。因为他游的是死海，死海中所含的盐分很高，几乎是一般海水的7倍，所以浮力很大，人在水中根本就不会下沉。死海比海平面低390米，所以只要下潜一点点，就到了海平面以下390多米了。

59. 同颜色的糖块

拿三次，可能红、黄、蓝各一种。只要抓取四次就一定能确保有两块同样颜色的糖。

60. 银行失窃案

报警系统也有缺陷：埋线的地方约有两寸宽是安全的，窃贼穿着单刀冰鞋从这个安全地带直接溜过去，解开保险柜的密码盗取现金后又溜回去。

61. 粮食的重量

最少称三次。把3袋粮食按大米和玉米、玉米和小米、大米和小米的顺序组合在一起各称一次。把3次的重量加起来除以2，就得到一袋大米、一袋小米和一袋玉米的总重量。然后把总重量分别减去大米和玉米、玉米和小米、大米和小米的重量，就能算出小米、大米和玉米各重多少了。

62. 教授之死

莫科多教授是玻璃制造的专家，这本书是他和同事波利威尔一起合著的。他在死前拿着这本书告诉了侦探谁是真凶。

63. 提示性推理

《三国演义》。《三国演义》是元末明初时，罗贯中所著。书中有一章节写刘备三顾茅庐请诸葛亮。《三国演义》再现了汉末的一段历史，是一部宏大的历史画卷。

64. 买衣服

凯特买的是“英雄牌”衣服，吉姆买的是“佳人牌”衣服，苏森买的是“豪杰牌”衣服，乔治买的是“风华牌”衣服。

65. 女秘书

如果①和②是假话，则玛丽就是同谋，琳达就是凶手，莉莉是毫不知情者，那么③就是假话。

如果①和③是假话，则玛丽是同谋，而莉莉是毫不知情者，琳达就是凶手了，这样②也成为假话。如果②和③是假话，则琳达就是凶手，而莉莉是毫不知情者，那么玛丽就是同谋，这样①也成为假话。因此，毫不知情者作了两条证词。再进一步推测，如果毫不知情者作了②和③这两条供词，既然②③是真的，那么①就是假的，可知玛丽是同谋，与前面的结论相矛盾，因此这是不可能的。以此类推下去，可以知道莉莉是毫不知情者，琳达是同谋，玛丽是凶手。

66. 收藏画

	最初	送给谁	数量	交换后
小花	7幅	小娟	4幅	5幅
小娟	5幅	小美	3幅	6幅
小叶	8幅	小花	2幅	7幅
小美	6幅	小叶	1幅	8幅

67. 丁丁的想法

不正确。

两个人猜拳的排列组合有9种(3×3)，所以有1/3的机会是平手。而3个人猜拳时，排列组合有27种(3×3×3)，会造成平手的情况如下：

“石头、石头、石头”；

“石头、布、剪刀”；

“石头、剪刀、布”；

“剪刀、石头、布”；

“剪刀、剪刀、剪刀”；

“剪刀、布、石头”；

“布、石头、剪刀”；

“布、剪刀、石头”；

“布、布、布”。

因此也是9种情况，平手的机会一样是1/3。

68. 白马王子

因为亚历山大、汤姆和皮特只符合一个条件，只有杰克符合两个条件，所以他当然符合第三个条件。

69. 员工的数量

主席台上一共站了13人，女员工有4人，老田是男的，小王是女的，他们都没算自己。

70. 妻子无罪

大力和妻子都不认识河豚，因此不知道河豚有毒，吃的时候需要小心处理，但妻子是按照普通鱼的做法去做河豚的。大力虽然被毒死了，但是大力的妻子却是无罪的。

71. 小鸟吃虫子

黄鸟：4厘米的红色虫子。

白鸟：3厘米的黑色虫子。

黑鸟：6厘米的红色虫子。

绿鸟：5厘米的黑色虫子。

72. 玛瑙戒指

因为奇奇和兜兜的话是相互矛盾的，所以两人之中必有一人在撒谎。假设奇奇说的是真话，那么兜兜的话就是假的。从奇奇的话来看，天天是妖性的女子，就是说撒谎的兜兜戴着玛瑙戒指了，这样，天天的话就不是假的了。

所以，奇奇的话应该是假的(而且，天天不是妖性女子)，兜兜的话是真的。因为天天的话是假的，所以天天应该戴着玛瑙戒指，撒谎的奇奇就是妖性女子了。

73. 谁是谁的新娘

秋红是大林的新娘，春红是二林的新娘，夏红是小林的新娘。

74. 丽莎之死

凶手掐死丽莎的时候肯定是从正面的，那么丽莎的眼睛里就会有凶手的样子。摄影师可以用特殊的处理手段把丽莎眼睛里的影像复制出来。

75. 称糖

分别把3块糖设编号为1，2，3。我们可以先称出1号和2号两块糖的重量，然后再把3号糖放上去，称出这3块糖总的重量。这样，用它们的总重量减去1，2两块糖的重量，就得到了3号糖的重量。以此类推，可以分别称出1号，3号糖的重量和2号，3号两块糖的重量，用总的重量去减，就得到了2号和1号糖的重量。

76. 酒徒的礼物

“鸡尾酒”先生所收到的礼品是“威士忌”先生送的。“茅台”先生送给“白兰地”先生鸡尾酒；“白兰地”先生送给“威士忌”先生伏特加；“威士忌”先生送给“鸡尾酒”先生茅台酒；“鸡尾酒”先生送给“伏特加”先生白兰地；“伏特加”先生送给“茅台”先生“威士忌”酒。

77. 五角星的数

12。五角星上面一个数加下面两个数等于中间两个数之和。

78. 富翁死亡之谜

约翰是凶手。

79. 谁说的正确

甲和丙正确，乙不正确

80. 杀妻案

如果是开枪自杀，死者手上、衣袖上会粘上火药微粒。石蜡可以检验出是否有火药微粒残留物。

81. 仙桃的数量

西西最初有6个，吃了2个，剩下了4个；安安最初有7个，吃了1个，剩下了6个；米米最初有5个，吃了2个，剩下了3个；拉拉最初有4个，吃了2个，剩下2个。

82. 猜职业

李江是鱼贩，王海是瓦匠，蒋方是木匠。因为从第一个信息可以得知王海不是鱼贩；从第二个信息可以看出王海不可能去敲李江的墙壁，所以他也不是木匠。因此，王海是瓦匠。李江既不是木匠，也不是瓦匠，那么他是鱼贩。剩下的蒋方便是木匠了。

第三章 智能类游戏

1. 花数相连

39。各符号代表的数值：

❀=9，〜=6，

▥=3，⬡=24。

2. 难解的债务关系

只要让乙、丙、丁各拿出10元钱给甲就可以了，这样只动用了30元钱；否则，每个人都按照顺序还清的话就要动用100元钱。

3. 巧填算式

①2+3×4+5×6+7×1=51

②5+6×7+1+2−3+4=51

③6×7+1+2−3+4+5=51

4. 损失了多少财物

商店老板损失了100元。老板与朋友换钱时，用100元假币换了100元真币。此过程中，老板没有损失，而朋友亏损了100元。老板与持假钞者在交易时：100=75+25元的货物，其中100元为兑换后的真币，所以这个过程中老板没有损失。朋友发现兑换的为假币后找老板退回时，用自己手中的100元假币换回了100元真币，这个过程老板亏损了100元。

所以，整个过程中，商店老板损失了100元。

5. 空缺的数

21。这是一个三角形数的数列。

6. 乒乓球比赛

冠军只有1人，28人中的27人都要被打败，27人被打败就需要27场比赛。

7. 巧妙分马

解决的办法，当然不是把23匹马卖掉，换成现金后再分配。而是，假定还有24匹马。在这24匹马中，长子得到1/2的12匹马；次子得到1/3的8匹马；三儿子得到1/8的3匹马。不偏不倚，按照遗嘱分完后，三人分到的马加起来正好是23匹。如果拘泥于“遗产全部瓜分”的思维方式，那么这道题就解不出来。

8. 剧院的座位安排

男子17人，女子13人，小孩90人，一共刚好120人。

9. 神奇的数字4

0=4－4

1=4÷4

2=（4+4）÷4

3=4－4÷4

4=4

5=4+4÷4

6=（4+4）÷4+4

7=44÷4－4

8=4+4

9=4+4+4÷4

10=（44－4）÷4

10. 卡片游戏

此题解答的关键是把“6”这张卡片颠倒过来变成“9”，这样就是“1”，“2”，“9”。

11. 泳道有多长

刚好等于圆形场地的半径，50米。

12. 巧隔水杯

把第二个盛水的杯子中的水倒进第五个空杯子里面就可以了。

13. “鬼迷路”

实际上，这些人走了一个圆。人走路时，两脚之间有一定的距离，大约是0.1米，每一步的步长大约是0.7米，由于每个人两脚的力量不可能完全一致，因此迈出的步长也就不一样，若在白天要沿直线行走，我们会下意识地调整步长，保证两脚所走过的路程一样长。当在夜间行走辨不清方向时，就无意识调整步长，走出若干步后两脚走的长度就有一定差距，自然就不是沿直线行走，而是在转圈，这就是“鬼迷路”现象。

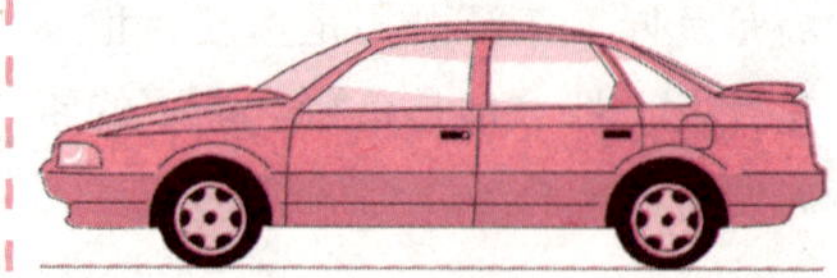

14. 划分方格

18	6	4	30	47	29
45	30	6	18	17	2
1	21	1	42	23	5
3	28	7	17	1	6
44	4	32	43	30	40

15. 好客的花花

有6个客人，27颗棉花糖，当然前提是她自己不能吃。

16. 和与差

找出规律了吗？得数是较小数的两倍。当从两个数的和中减去这两个数的差时，就是从两个数的和中减去了较大数比较小数多的一部分，得到的结果是两个较小数的和，也就是较小数的两倍。

17. 失算的老师

实际上是办不到的。因为安排座位的数字太大了。它需要10×9×8×7×6×5×4 ×3×2 ×1 = 3628800天，这个数字的天数相当于10000年。

18. 奇怪的数列

111，1000。这是电子计算机的计数用的是二进位制，写法只有两种数字：0与1。我们所熟悉的1，2，3，4，5，6用二进位的写法，则变成了1，10，11，100，101，110。所以后面应该是7和8的二进制写法。

19. “8”的奥秘

88×8+88+8=800

20. 数字组合

根据该题目的游戏规则，不论你找出哪组数字，它们的总和都是3的倍数，这样的话，它们组合的数字也都能被3除尽。所以这样选择的号码无法被3除尽的可能性为0。

21. 设计三角形骨牌

15个。我们可以先从更简单的情形思考：这种骨牌的设计规则是在每个三角上放不同的数字组合。如果用0到2这三个数字，我们可以很容易地找到如下组合：

0−0−0，0−0−1，0−0−2，

0−1−1，0−1−2，0−2−2，1−1−1，1−1−2，1−2−2，2−2−2共10种组合。这是一个三角形数，而5、6也是三角形数，这不是巧合，所以10后面的下一个三角形数是15，那就会有15个这种三角形骨牌。当然，你可以用数学排列组合的方法来解，那也可以验证这种思考方法是正确的。

22. 吃梨子

要5分钟。5个人用5分钟吃了5个梨，也就是说1人吃1个梨要花5分钟

（记住是5分钟，而不是1分钟），那100个人吃100个梨，也就是1人吃1个梨，当然也是要花5分钟。

23. 鸡生蛋

仍然仅需5只鸡。

24. 等于1的趣题

①（1+2）÷3=1

②1×（2+3）－4=1

③［（1+2）×3－4］÷5=1

④（1×2+3－4+5）÷6=1

⑤（1+2+3+4）÷5+6－7=1

⑥（1+2×3－4）－5×6÷（7+8）=1

25. 古董商的交易

他赔了5元。假设甲古币收购时花了A元，乙古币B元，那么，A（1+20%）=60，得A=50，B=75，A+B=125，因此赔了5元。

26. 找算错了的数

170。如果是小数点的错，账上多出钱数是实收的9倍。所以153÷9=17，那么错账应该是17的10倍。找到170元改成17元就行了。

27. 匪夷所思的数

任何数。这个奇妙的组合算出来的数遮住后面的“00”，得到的永远都是最初的数。

28. 几个酒徒比酒量

一共有6个酒徒。

29. 最大的数

97641。你答对了吗?

30. 数字金字塔游戏

177

102 75

57 45 30

30 27 18 12

14 16 11 7 5

5 9 7 4 3 2

31. 思维算式

①1+7=8;

②4+5=9;

③2×3=6。

32. 四个4

(4 + 4)÷(4 + 4) = 1

4 ÷ 4 + 4 ÷ 4 = 2

(4 + 4 + 4)÷ 4 = 3

(4 − 4)÷ 4 + 4 = 4

(4 × 4 + 4)÷ 4 = 5

33. 山洞

小孩可以把木板向山涧的那边伸出一小部分，并站在木板的另一端压住。大人可以把木板搭在小孩的木板上，就可以从容过河了。然后他可以压住木板，让小孩过河。

34. 猫追老鼠

能。猫要跑60步才能够追上老鼠。

35. 智者的趣题

把最左边的小圆画在极远的右边。

36.有趣的字母迷宫

37. 狗狗们的话

棕色衣服狗狗：卡卡家的多多。黄色衣服狗狗：德拉家的汪汪。白色衣服狗狗：德拉家的咪咪。灰色衣服狗狗：卡卡家的依依。

38. 该填哪一个字母

M。按照1、2、3顺序，从字母A开始，按顺时针方向，每两个字母之间均间隔3个字母。

39. 三只难以对付的八哥

罗伯特来自B国；丽萨来自A国；艾米来自C国。

40. 羚羊和猎豹赛跑

羚羊获胜。羚羊跑100步刚好完成这段路程的来回，而猎豹却相反，它不得不跑到102米再回头，因为它33步到达99米，必须再跑1步，那样就超过了端线2米，所以猎豹必须跑68步才能完成全程，但猎豹的速度只有羚羊的2/3，所以当羚羊跑了100步的时候，猎豹还没有跑完67步。

41. 姑娘与魔鬼

戴黄色头冠的是光光。戴白色头冠的是贝贝，变成了魔鬼。戴蓝色头冠的是木木。戴黑色头冠的是乔乔。

42. 骰子推理

e。这是考察你的空间想象能力，b的对面应该是e。如果还不明白，你可以动手做一个骰子，看看就知道了。

43. 谁姓什么

王大明、张二明、李三明、赵四明。

44. 刑警抓歹徒

歹徒如果聪明的话，可以先把船划到湖心，看准刑警的位置，再立刻从湖心向刑警正对的对岸划。这样他只划一个半径长，刑警要跑半个圆周长，即半径的3.14倍，而刑警的速度是歹徒的2.5倍，歹徒能在刑警到达前先上岸跑掉。

45. 游泳冠军

4个人名次排列顺序是：丙、乙、甲、丁，丙是游泳冠军。

46. 休闲城镇

根据已知条件得知，餐厅在星期一、星期二、星期四、星期五和星期六开门营业，在星期日和星期三关门休息，而其中连续三天的第三天关门休息，因此，这连续三天的第一天不是星期五就是星期一。因为一星期中没有一天餐厅、百货商场和蛋糕店全都开门营业，那么蛋糕店在星期四和星期五就关门休息，由于丁丁到达休闲城镇的那一天蛋糕店开门营业，所以那一天一定是星期一。

47. 农夫的话

不可信。因为野鸭会孵蛋，而家养的鸭子经过长期的人工饲养其孵蛋功能已经退化，是不会孵蛋的。因此农夫在撒谎。

48. 裙子是什么颜色

黄色。

49. 玩具世界

一只狗、一只熊猫、一只洋娃娃。

50. 小猫的名字叫什么

D不是“咪咪”（①），也不是“花花”（③），也不是“球球”（④），也不是“黑黑”（④），也不是“忽忽”（⑤），所以是“兰兰”。A不是“咪咪”（③），也不是“球球”（④），也不是“黑黑”（④），也不是“忽忽”（⑤），所以是“花花”。所以，由②和④可知，“球球”是C。由①可知，“咪咪”是B。由④可知，“黑黑”是E。剩下“忽忽”就是F了。

51. 教授的课程

张教授教历史和体育，赵教授教英语和生物，彭教授教数学和物理。

52. 美丽公主的不幸遭遇

假设玛丽是受害者，那么露西的话虽然是对受害者说的却又是真的，所以，玛丽不可能是受害者。假设瑞利是受害者，那么玛丽和劳尔的发言虽然是对被害者说的却又是真的。所以，瑞利不可能是受害者。假设劳尔是受害者，那么瑞利的话是对受害者说的却又是真的，所以劳尔不可能是受害者。

综上可知，露西就是受害者。

53. 餐厅聚会

7个年轻人要隔许多天才能在餐厅里相聚一次，这个天数加1需能被1～7之间的所有自然数整除。1～7的最小公倍数是420,也就是说，他们每隔419天才能聚于餐厅。因为上一次聚会是在2月29日，可知这一年是闰年。那么第二年2月份就只有28天一种可能。由此可推，他们下一次相聚是在第二年的4月24日。

54. 你要哪一只钟

你也许会选择一天只慢一分的那只。好，那我们就来看看：一天慢一分的那只钟两年内要走慢12小时（即720分钟）之后才能走回最初核准的时间，因此它在两年内只准确一次。现在看看你要哪一只吧。

55. 纸牌游戏

甲拿的两张牌是1，9；乙为4，5；丙为3，8；丁为2，6。剩下的那张牌是7。

56. 野炊分工

老大洗菜，老二淘米，老三烧水，老四挑水。

57. 篮球比赛

3胜1败。全部共有10场比赛，各校都必须跟其他四所学校对打一场，4×5=20(场)，但是每场有两校出赛，所以20÷2=10(场)。也就是说，总共应该有10胜。一至四中合计共有7胜，那么剩下的3胜便是五中的了，并可以马上算出五中有一败。

58. 爱说假话的兔子

甲：2岁；乙：4岁；

丙：3岁；丁：1岁。

如果丙兔子说的话是假话，丙就比甲年龄小，而且甲就是1岁，这是不可能的。所以丙兔子的话是真的，甲不是1岁，丙比甲年龄要大。如果甲的发言是真的话，就是乙3岁，甲比乙年龄大，即甲4岁，这与上面的分析相矛盾。所以，甲的话是假的，乙也不是3岁，甲比乙年龄要小。

根据以上分析，乙是4岁，丙是3岁，甲是2岁，剩下的丁就是1岁。

59. 老实的“骗子”

如图所示，从爷爷的左边开始依次是儿子、女儿、爸爸、妈妈。

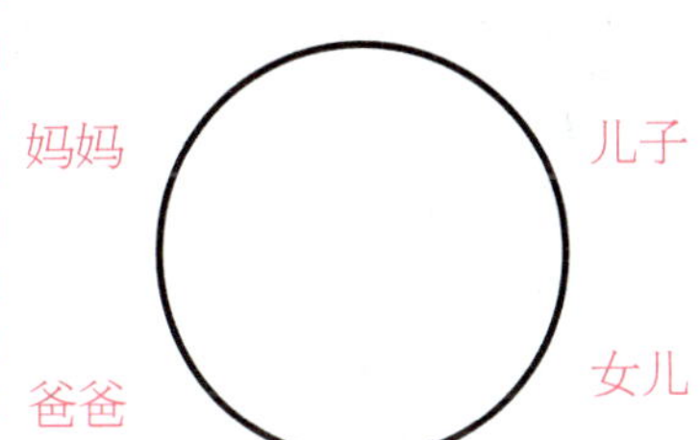

60. 谁击中了杀手

如果8个保镖中有3人猜对，杀手是C击中的；如果8个保镖中有5人猜对，杀手是G击中的。

61. 紧急集合

	谁的上装	谁的下装
李佳	房华	自己
刘方	自己	何林
房华	何林	刘方
何林	李佳	房华

62. 魔鬼与天使

甲是人，乙是天使，丙是魔鬼。

63. 骗子村的老实人

“今天要不是星期一，就是星期二。”因为“今天是星期二”这句话，在星期一也可以说，所以有可能真，也有可能假。

64. 坚强的儿子

儿子说："如果我正直的话，就不会被神遗弃；如果我不正直，就不会被大众所背叛。所以无论如何，我都不会被背叛的。"

65. 男生和女生

男生有4个，女生有3个。（都没算自己）

66. 门铃逻辑

通门铃的按钮是从左边数第五个。如果令F表示该按钮，则6个按钮自左至右的位置依次是D、E、C、A、F、B。

67. 谁是班长

由"丙比组长年龄大"知道，丙不是组长，丙的年龄比组长的大。

由"学习委员比乙年龄小"知道，乙不是学习委员，乙的年龄比学习委员的大。

由"甲和学习委员不同岁"知道，甲不是学习委员。

既然知道了甲和乙都不是学习委员，那么丙就一定是学习委员了。3个人的年龄顺序是：乙>学习委员丙>组长。从这一顺序上看，乙不是组长，那他一定是班长了，而组长则是甲了。

68. 无价之宝

开始时只有1颗，第二天增加了6颗，第三天又增加了12颗，第四天又增加了18颗……计算七天的总数，公式为：1+6+12+18+24+30+36=127颗。

69. 谁在撒谎

假如小艾的话是真话，那么小美的话就是假的，相反，如果小艾的话是假话，那么小美的话就是真话。据此推测，小艾和小美之间必定有1人在撒谎。以此类推，5人中应该有3人在撒谎。

70. 赌徒的谎言

如果张三说的是实话，那李四、阿七说的也不错。但只有一个人说实话，如果张三、李四、阿七说的都是假话，那只有王五说的是实话。李四是老大。

71. 75层高的扑克房子

利用纸牌搭造房子有许多种方法，如按题面的方法造75层高的房子需要8475张纸牌。我们先来看一看层数少的房子需要纸牌的情况，然后找出规律：

1层需要2张扑克，可用2表示；

2层需要7张扑克，可用3+4表示；3层需要15张扑克，可用4+5+6表示；

4层需要26张扑克，可用5+6+7+8表示；5层需要40张扑克，可用6+7+8+9+10表示；……接下去呢？你找出了每一层所需扑克牌的规律了吗？告诉你，n层所需的扑克数为：（n+1）+（n+2）+（n+3）+（n+4）+（n+5）+……+（n+n）=（3n2+n）÷2所以，75层所需扑克为：（3×75×75+75）÷2=8475。

72. 成绩表

	语文	数学	英语
[illegible]	丙	乙	丙
[illegible]	丙	甲	乙
江子	甲	甲	甲
[illegible]	甲	甲	乙

73. 数学讲师的难题

不能。由①知：标有日期的信——用粉色纸写的；由②知：丽萨写的信——“亲爱的”开头；由③知：不是约翰写的信——不用黑墨水；由④知：收藏的信——不能看到；由⑤知：只有一页信纸的信——标明了日期；由⑥知：不是用黑墨水写的信——做标记；由⑦知：用粉色纸写的信——收藏；由⑧知：做标记的信——只有一页信纸；由⑨知：约翰的信——不以“亲爱的”开头。综上所知：丽萨写的信——不是约翰写的信——不是用黑墨水——做了标记——只有一页信纸——标明了日期——用粉色写的——收藏起来——皮特不能看到。所以，皮特不能看到丽萨写的信。

74. 互不相通的房间

把3个房间命名为甲、乙、丙，小明3兄弟分别拿一个房间的钥匙，再把剩下的钥匙这样安排：甲房内挂乙房的钥匙，乙房内挂丙房的钥匙，丙房内挂甲房的钥匙。这样，无论谁先到家，都能用自己拿的一把钥匙进入3个房间。

75. 到底中了几枪

凶手开枪时，被害者正背对窗子弯腰，子弹射穿了她的大腿后进入胸部，所以表面上看好像是中了两枪。

76. 谁和谁是亲兄弟

甲的弟弟是D，乙的弟弟是B，丙的弟弟是A，丁的弟弟是C。在甲、乙、丙3个人中只有一个人说了实话，而且这个人是D的哥哥，因此乙说的是假话，乙不可能是D的哥哥。由乙说的话得知，丙也不可能是D的哥哥，所以丙说的也是假话。由此可得，丁的弟弟是C。由于甲、乙两人都说了谎，而丁又不是D的哥哥，因此甲一定是D的哥哥，甲说的是实话。即乙的弟弟是B，丙的弟弟是A。

77. 罪犯

大麻子。

78. 宾馆凶案

假设死者是自杀的。甲说“死者不是乙杀的”就是假话，则是乙杀的。乙说“他不是自杀”是假话，则“甲杀的”是真的。

丙说“是乙杀的”如果是真话的话，那么“不是我杀的”就是假话，丙承认自己杀了人。从以上分析结论是矛盾的，是不合逻辑的。

假设死者不是自杀。

甲说“死者不是乙杀的”是真的。乙说“是甲杀的”是假，即不是甲杀的。丙说“不是我杀的”是真。既然凶手不是甲、乙、丙“所提及的人”，只剩下医生。因此，凶手就是医生。

79. 哪句话意思最相符

正确答案应该是③：一个外国人只会说外文是不够的。你回答对了吗？不要把问题想得太复杂了，想得太复杂是不太容易找出答案的哦!

80. 照片上的人

这个人在看她丈夫继母的外孙媳妇的照片。

81. 不可靠的预测机

局长说：“预测机下一个预测结果会亮红灯。”如果预测机亮红灯表示“不会”，那么预测机就预测错了，因为事实上它已经亮起了红灯。如果它亮绿灯说“会”，这也错了，因为实际上亮的是绿灯，而不是红灯。这样预测机就预测不准确了。

82. 巧称水果

最多称3次。把3箱水果按苹果和橘子、橘子和鸭梨、苹果和鸭梨的顺序组合在一起各称一次。把3次称得的重量加起来除以2，就得到苹果、鸭梨、橘子的总重量。将总重量分别减去苹果和橘子、橘子和鸭梨、苹果和鸭梨的重量，即可算出鸭梨、苹果、橘子各重多少。

83. 字母排列

N。每块牌由上而下都是进5个字母，再退3个字母到下一块牌。

84. 问什么问题

智者所问的问题是“你是这个国家的居民吗”？如果对方回答“是”，那么这个国家一定是A国；否则，这个国家是B国。

85. 带魔法的饰物

有魔法的女子是思思。系着魔法围巾的是思思和平平。戴着魔法蝴蝶发带的是蕾蕾和思思。

86. 等式背后的逻辑

每个字母都以它的“笔画端”数目来代替。例如D是0、M是2、T是3。所以最后的等式为（4/2）+3−4=1，而答案是P（也可以是Q，这要看你怎么写）。

87. 谁买了什么

A在一层买了一双鞋，B在三层买了一本书，C在二层买了一架照相机，D在四层买了一块表。

88. 玻璃是谁打碎的

是丙干的。乙和丁中一定有一个小孩在说谎，假设乙没有说谎，那么这件事就是丁做的，而丙说的话也同样正确，因为只有一个孩子说了实话，所以乙在说谎。也就是说，这4个孩子中，只有丁说了实话。因此可以断定，是丙打碎了李阿姨家的玻璃。

89. 期末考试的成绩

婷婷得了第四名，亮亮得了第二名，佳佳得了第三名，小美得了第一名，只有婷婷估错了。

90. 哪一句话正确

正确的答案应该是②：有的人没有逻辑。这是个有关“否定”的基本问题。否定的时候，就像图中画的那样：“有”跟“没有”互换，同时“且”跟“或”、“全部”跟“有的”也互换。“全部的人都有逻辑”这句话，它的否定就是：“有的人没有逻辑”。如果“全部的人都有逻辑”这句话是假的，一定有人会想：不是也有“全部的人都没有逻辑”的可能性吗？但是，“有的人没有逻辑”也包含了“全部的人都没有逻辑”在内。

91. 环球飞行

假设3架飞机分别为A、B、C。3架（A、B、C）同时起飞，飞行至1/8处，其中一架（A）分油后，安全返航；剩余两架（B、C）飞行到1/4处时，其中一架（B）分油后，安全返航；A降落后加完油，在B返回后马上起飞，逆向接应C；同样B降落后加完油，也立即逆向起飞，接应A、C；两架（A、C）在逆向1/4处相遇，分油后，同飞行。3架（A、B、C）飞机在逆向1/8处相遇，分油后继续飞行，这样就可以完成任务了。

所以，3架飞机飞5次就可以完成任务。

92. 旅行家的迷惑

至少有2个天使。假设甲是魔鬼的话，由此可推断他们几个都是魔鬼，那么，乙是魔鬼的同时又说了实话，存在矛盾。所以甲是天使。假设乙是天使的话，从她的话来看，丙就成了魔鬼，相反，假设乙是魔鬼的话，从她的话来看，丙就是天使了。所以，无论怎样，都会有2个天使。

93. 步行街两旁的商店

酒吧。

94. 罗盘求数

问号所代表的数字是120。

经观察，92=4×23，117=13×9，所以？=15×8=120。

95. 水果汉字

音、暗、早、章、辛。

96. 他们点的什么菜

根据②和①，如果阿德里安要的是火腿，那么布福德要的就是猪排，卡特要的也是猪排。这种情况与③矛盾。因此，阿德里安要的只能是猪排。于是，根据②，卡特要的只能是火腿。因此，只有布福德才能昨天要火腿，今天要猪排。

97. 右边的灯

按照现场的布置，死者把台灯调到自己的右边，说明死者是个左撇子，因为台灯放右边，用右手写字会产生影子。这样死者会右手拿笔就矛盾了。

98. 经过多少次

要经过61次。

99. 皇妃与侍女

20位皇妃都立刻杀了自己的侍女。假设皇妃只有A、B两个人，A皇妃肯定会想：B肯定知道我的侍女是好是坏。如果我的侍女是好人，她肯定会杀了她的侍女，结果就会刊登在第二天的报纸上。如果早上的报纸没有刊登这条消息，那么我就在第二天杀了我的侍女……以此类推。到第20天，报纸没有刊登消息，那么所有的皇妃就都杀了自己的侍女。

100. 年龄的秘密

A是54岁，B是45岁，C是4岁半。

101. 谁是老实人

甲和丙。先假设乙是老实人，那么，把丙说的话颠倒过来，戊就成了老实人。接着，甲跟丁也是老实人，这样就超过只有两个人的限制了。那假设丁是老实人的话，把甲说的话颠倒过来，乙就成了老实人。但是照丁的说法，乙应该是个骗子，这样就产生矛盾了。再假设戊是老实人试试看，加甲和丁，老实人变成了三位，所以也行不通。看看剩下的甲和丙所说的话，就跟题目的条件吻合。

102. 吃西瓜比赛

吴刚参赛4次，刘某因故没有参加，可以知道吴刚与刘某是一对情侣；孙全和钱佳是一对情侣；赵亮和周文是一对情侣；李利和张落是一对情侣；王林和郑成是一对情侣。

103. 字母逻辑

Z应该是灰色的。所有灰色的字母都能一笔写完，白色的字母则不行。

104. 单身公寓里的恋爱关系

喜欢杰克的人是丽莎。这确实是一道比较复杂的题，我们要先把提示画成圆，这样会给我们一些更直观的感觉。我们用顺时针的方向来表示喜欢的对象。根据题面的叙述，我们可以画出图1，在图中怀特和布朗的位置是可以确定的。但杰克和亨利按照顺时针方向谁先出现还不能确定，通过假设我们会发现当“X”的位置上是杰克时才不会跟题目的叙述相矛盾，这时候就可以画出图2了。

105. 银店抢劫案

依据在银碗中见到的影像，营业员不可能认定罪犯是谁，因为碗中反射出来的影像是个变了形的。

106. 一条漂亮的裙子

礼物在B盒。

107. 猜不透的问答

若波波是诚实的，波波的回答应该是正确的。因此，哈瑞也是诚实的。因为哈瑞回答：“杰森在说谎。”所以，杰森在说谎。经常说谎的杰森肯定说谎话：“波波在说谎”。相反，如果是波波在说谎，波波所说的话是谎言。哈瑞也在说谎。因为哈瑞回答说：“杰森在说谎。”所以，杰森是诚实的。正直的杰森应该正直地回答：“波波在说谎。”也就是说，无论在哪种情况下，杰森都会回答：“波波在说谎。”

108. 扑克牌

红桃。

109. 太平洋里的鲸鱼

甲：1100米。乙：1200米。

丙：800米。丁：900米。

戊：1000米。

110. 奇怪的三位数

504。因为7、8、9正好是一组倍数，所以$7\times8\times9=504$。

111. 魔球里的钻石

第1个魔球是红色的，第2个魔球是绿色的，第3个魔球是黑色的，第4个魔球是黄色的，第5个魔球是蓝色的。

112. 神奇的三角形

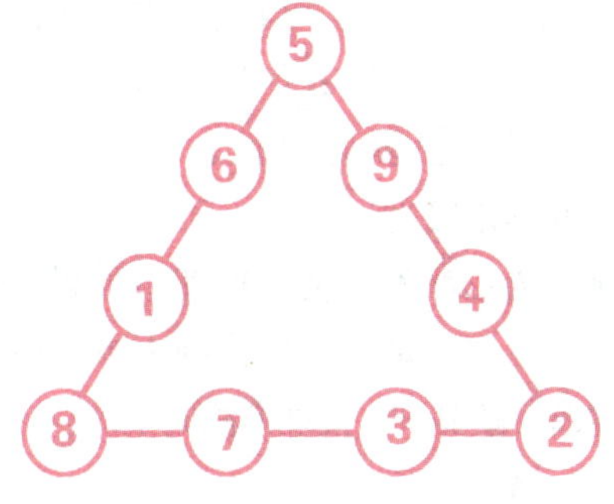

113. 自杀疑案

自杀起码要把自己的手露到被子外，可是死者全身埋在被子里。

死者是不会在自杀后还把手缩回被子里的。

114. 一题三解

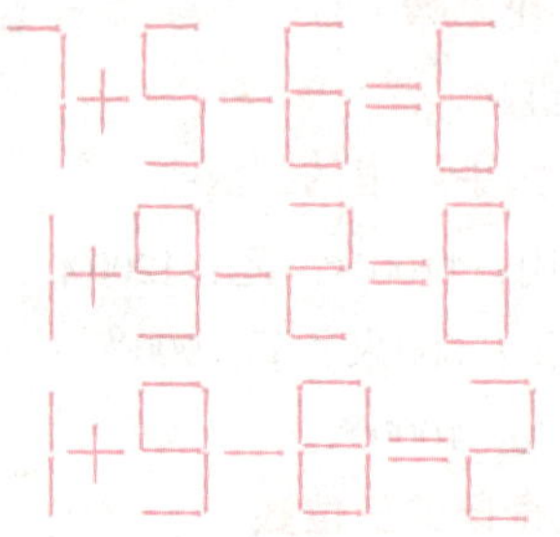

115. 神秘岛上的规矩

商人随便问其中一位美女，比如问甲："你说乙比丙的等级低吗？"如果甲回答"是"，那么应该选乙做妻子。如果甲是君子，则乙比丙低，因此乙是小人，丙是凡夫，所以乙保证不是狐狸；如果甲是小人，则乙的等级比丙高，这就意味着乙是君子，丙是凡夫，所以乙一定不是狐狸；如果甲是凡夫，那么她自己就是狐狸，所以乙肯定就不是狐狸。因此，不管什么情况，选乙都不会娶到狐狸。如果甲回答说"不是"，那么商人就可以挑选丙做妻子。推理方法同上。

116. 乌龟和青蛙的赛跑

很多人可能会认为第二场比赛的结果是平局，其实这个答案是错误的。因为由第一场比赛可知，乌龟跑100米所需的时间和青蛙跑97米所需的时间是一样的。因此，在第二场比赛中，乌龟和青蛙同时到达AB线，而在剩下的相同的3米距离中，由于乌龟的速度快，所以，当然还是它先到达终点。

117. 谁胜谁负

让你朋友先说，你所说的数加上你朋友说的数刚好等于11。以此类推，等你们所说的数值总和达到99的时候，即使你的朋友说"1"，他也会输。

118. 电话号码

新号码是8712。

119. 过河

9次。因为他们每次都要有一个人把船划回来。

120. 哪一个图案是多余的

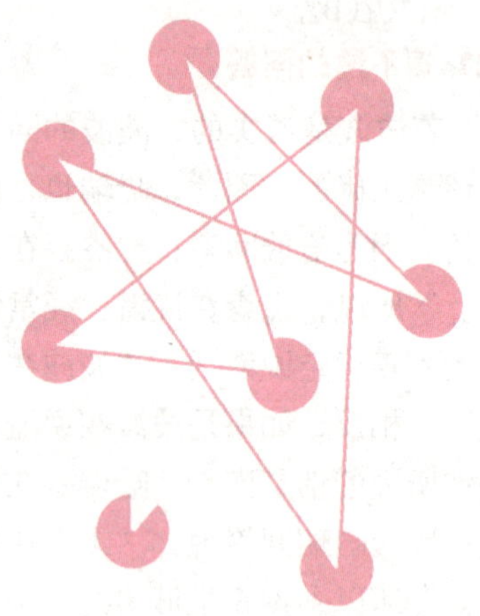

第四章 文字类游戏

1. 字母谜题

E与其他字母不同，A、I、O、U左右对称，而E不是。

2. 变字游戏

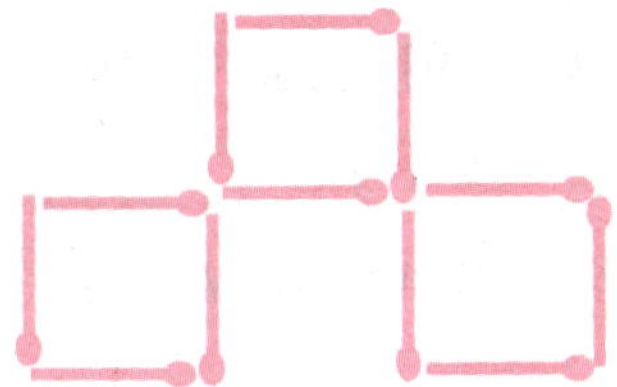

3. “二”的妙用

夫	井	开	王
丰	毛	牛	手
天	午	五	元
云	月	仁	无

4. 猜中国城市名称

(1)连云港，(2)宁波，(3)福州，(4)洛阳，(5)开封，(6)长沙，(7)无锡，(8)武汉。

5. 唐诗填字谜

（1）“桥”，《断桥》（杜牧《寄扬州韩绰判官》）。

（2）“燕”，《燕归来》（刘禹锡《乌衣巷》）。

（3）“弦”，《心弦》（白居易《琵琶行》）。

（4）“人间”，《在人间》（杜甫《赠花卿》）。

（5）“我”，《勿忘我》（杜甫《寄韩谏议注》）。

6. 有趣的字谜

章。

7. 找图配词

（1）C图。我们视觉上的平衡并不是几何上的平行，它是美学上的平衡，如书法上的“横”，一般右端微翘起，体现一种重心的平衡。

（2）C图。我们常听人讲，这幅画画得很美、很和谐，那么这里的“和谐”是指什么呢？它是指视觉的谐调，能给人一种挺舒服的感觉，A和B给人的感觉有些孤单、凌乱，只有C才让人看得舒服。

（3）A图。原理同（2）。

8. 谜语大聚会

（1）黑板（2）天下奇才（3）巧言令色（4）金鱼（5）蜘蛛

9. 天使迷宫

L	E	A	G	N
A	N	L	E	G
N	L	G	A	E
E	G	N	L	A
G	A	E	N	L

参考文献

[1]陈书凯.200个聪明人的逻辑思维游戏[M].北京：中国纺织出版社，2006.

[2]陈书凯.全世界聪明孩子最爱玩的思维游戏[M].北京：中国纺织出版社，2009.

[3]武瑛娟.世界上聪明人最爱做的600个经典思维游戏[M].天津：天津科学技术出版社，2009.